Amaranth, Dinkel & Co
Altes Korn neu entdeckt

Peter Jörimann · Werner Scheidegger

Amaranth, Dinkel & Co

Altes Korn neu entdeckt

Mit vielen Alltagsrezepten
von Erica Bänziger

MIDENA

Die Deutsche Bibliothek – CIP-Einheitsaufnahme

Jörimann Peter:
Amaranth, Dinkel & Co: Altes Korn neu entdeckt / Peter Jöri-
mann; Werner Scheidegger. [Foodbilder: Evelyne und Hans-
Peter König. Getreidebilder: Atelier Lightning]. –
 ISBN 3-310-00144-X
NE: Scheidegger, Werner:

Alleinvertrieb für Deutschland:
WELTBILD VERLAG GmbH
Steinerne Furt 68–70, 86167 Augsburg

© 1993 MIDENA VERLAG, CH-5024 KÜTTIGEN/AARAU
Gestaltung Umschlag: Dora Hirter, Aarau
Foodbilder: Evelyne und Hans-Peter König, Zürich
Getreidebilder: Atelier Lightning, Kölliken
Fotolithos: Steiner AG, Basel
Satz: Kneuss Satz AG, Lenzburg
Herstellung: Druckerei Neue Stalling, Oldenburg
Verantwortliche Verleger: Alfred und Léonie Haefeli-Schmid

ISBN 3-310-00144-X

Inhalt

INHALT

INHALT

INHALT

INHALT

Übersicht verwendete Getreide

Die angegebenen Seitenzahlen in der nachstehenden Zusammenstellung zeigen, wo jeweils die einzelnen Getreide verwendet wurden.

Amaranth
13, 23, 79, 95, 96, 110, 116, 119

Buchweizen
14, 39, 71, 78, 80, 91, 100, 102

Dinkel
19, 24, 30, 38, 47, 52, 53, 62, 64, 89, 103, 106, 107, 108, 110, 115

Gerste
26, 36, 41, 47, 58, 65, 67, 106

Grünkern
13, 22, 24, 25, 42, 53, 59, 65, 84

Hafer
34, 47, 59, 70, 74, 82, 84, 88, 101, 109

Hirse
47, 66, 78, 87, 92, 94, 99, 112, 120

Mais
54, 70, 71, 102

Quinoa
19, 30, 35, 89

Reis
13, 42, 50, 63, 70, 72, 82, 84, 94, 104, 112

Roggen
32, 42, 46, 65, 73, 74, 81, 90, 108

Triticale
18, 53, 54, 64, 84, 117

Weizen
15, 30, 31, 32, 62, 74, 84, 104, 108, 109, 119

Wo nicht anders vermerkt, sind die Rezepte für 4 Personen berechnet.

Bekannte und weniger bekannte Körner – nicht alltäglich zubereitet

Neue Akzente für die Getreideküche. Kleine Ernte, Spitzenqualität: Altbewährte Getreidesorten, auch aus anderen Kulturkreisen, und umweltschonender Anbau sind wieder gefragt. Fast vergessene Getreide erleben eine Renaissance – im Anbau und in der Küche.

Das Getreide eignet sich für vieles mehr als nur für Brot und Pasta. Dass in der neuzeitlichen Getreideküche nie Langeweile aufkommt, dafür ist gesorgt. 13 Getreidesorten, von teils unterschiedlichem Geschmack und äußerst vielseitig verwendbar, wollen entdeckt werden.

Das volle Korn ist ein lebendiges, hochwertiges Lebensmittel. Lebendig soll es bleiben, ob in Form von Mehl, Schrot, Grieß. Die lebenswichtigen Vitamine, Spurenelemente und essentiellen Fettsäuren bleiben uns bestmöglich erhalten, wenn wir das ganze Korn/den ganzen Samen lagern (in dieser Form ist es ohne Geschmacks- und Qualitätseinbuße lange haltbar) und das Getreide für jedes Gericht frisch mahlen, schroten oder quetschen. Es ist zudem auch sehr praktisch und zeitsparend, sämtliche Getreidesorten vorrätig zu haben: man kann immer die exakte Menge mahlen und hat das Getreide jederzeit zur Verfügung.

Für das Getreidebuch wurden Rezepte entwickelt, welche die unterschiedlichsten Ansprüche erfüllen. Die unkomplizierte Alltagsküche ist genauso vertreten wie die «Sonntagsküche». Es gibt schnelle Gerichte und solche, die etwas mehr Zeit in Anspruch nehmen. Bei den Menüs ist zu beachten, daß ein einzelnes Rezept ohne weiteres herausgepickt und allenfalls zu einer Hauptmahlzeit gemacht werden kann.

Wir wünschen Ihnen viel Vergnügen beim Entdecken der neuen Getreideküche.

Strandnelkencreme mit Grünkern-Amaranth-Küchlein

◆◆◆

Suppe

120 g	Strandnelken
40 g	Butter
20 g	Zwiebeln, fein gehackt
600 ml/6 dl	Gemüsebrühe/-bouillon
20 g	Vollreis, gekocht
20 g	geräucherter Tofu, klein gewürfelt
300 g/3 dl	Sahne/Rahm

Grünkern-Amaranth-Küchlein

80 g	Grünkern, fein geschrotet
250 ml/2½ dl	Gemüsebrühe/-bouillon
1 EL	Amaranth, gepufft
2 EL	saure Sahne/Sauerrahm
1 EL	frische Kräuter, gehackt
50 g	Parmesan, gerieben
20 g	Vollkornsemmelbrösel/Vollkornpaniermehl
	Pfeffer aus der Mühle
	Muskatnuß
	Meersalz

Getreideküchlein: Grünkern mit der Gemüsebrühe auf-kochen. Auf kleiner Stufe 5 Minuten garen. Zugedeckt auf der ausgeschalteten Herdplatte 20 Minuten nachquellen las-sen. Amaranth beigeben. Leicht auskühlen lassen. Restliche Zutaten dazugeben. Nach Belieben würzen.

In einer nicht klebenden Pfanne wenig Butter schmel-zen. Den Teig eßlöffelweise in die Pfanne geben. Kleine Küchlein formen und diese beidseitig braten.

Suppe: Zwiebeln in der Hälfte der Butter dünsten. Reis, Tofu, Gemüsebrühe und ⅔ der Sahne in die Pfanne geben. 15 Minuten köcheln lassen. Strandnelken waschen. 2 Nelken für die Garnitur zur Seite legen, restliche kleinschneiden. Zur Suppe geben. Weitere 10 Minuten köcheln lassen. Suppe pürieren und durch ein Spitzsieb streichen.

Anrichten: Suppe aufkochen. Restliche Butter und restliche steifgeschlagene Sahne unter Rühren zur heißen Suppe geben. In vorgewärmte Suppenteller verteilen. Strandnelken in Streifen schneiden. Zusammen mit den Getreideküchlein in die Suppe legen.

Buchweizensuppe

◆◆◆

80 g	Buchweizen
10 g	Zwiebeln, fein gehackt
60 g	Porree/Lauch, in dünne Ringe geschnitten
600 ml/6 dl	Gemüse- oder Geflügelbrühe/-bouillon
300 g/3 dl	Sahne/Rahm
½	saurer Apfel
	Meersalz

◆◆◆

Buchweizen, Zwiebeln und Porree mit der Brühe aufkochen. Auf kleiner Stufe 10 Minuten köcheln lassen. Apfelhälfte schälen, entkernen und kleinschneiden. Mit ⅔ der Sahne zur Suppe geben. Weitere 10 Minuten köcheln lassen. Suppe mit dem Stabmixer oder im Mixerglas grob pürieren. Mit Meersalz abschmecken. Restliche Sahne steifschlagen. In die kochende Suppe rühren. Sofort servieren.

Engadiner Heusuppe mit Weizengras und Grießklößchen

Heusuppe
1½ l	Gemüse- oder Geflügelbrühe/-bouillon
2 Büschel	Bergheu
40 g	Weizen, fein gemahlen, Kleie ausgesiebt
30 g	Butter
50 ml/½ dl	Portwein
150 g/1½ dl	Sahne/Rahm
	Meersalz
1 Handvoll	Weizengras (aus Weizenkörnern gezogen)

Grießklößchen
für 4 Personen als Hauptmahlzeit, für die Suppe
¼ Rezeptmenge
200 ml/2 dl	Wasser
200 ml/2 dl	Milch
60 g	Butter
wenig	Muskatnuß
½ TL	Meersalz
230 g	Vollweizengrieß
3	Freilandeier, Eiweiß davon

◆◆◆

Weizengras: Die Weizenkörner gut spülen und 12 Stunden im Wasser einweichen. Wasser abgießen. Körner spülen. In einem Glas mit luftdurchlässigem Deckel (Gazetüchlein) an einem hellen Ort stehen lassen. Während dem Keimen Körner 2mal täglich gut spülen. Nach zwei bis drei Tagen haben wir Keimlinge. Für die Heusuppe lassen wir zarte Gräser wachsen. Ab dem dritten Tag die Gräslein weiterhin regelmäßig mit Wasser besprühen und ohne «Deckel» wachsen lassen. Nach 6 bis 7 Tagen verwenden.

Grießklößchen: Milch, Wasser, Butter, Salz und Muskatnuß aufkochen. Grieß einlaufen lassen. Unter ständigem Rühren 10 Minuten köcheln lassen. Brei auf der ausgeschalteten Herdplatte zugedeckt 20 Minuten ausquellen lassen. Brei erkalten lassen. Eiweiß zu Schnee schlagen. Unter den Brei heben. Vom Grieß mit Hilfe von Kaffeelöffeln oder zwischen den Handflächen beliebig große Klößchen formen. In reichlich kochendem Salzwasser an die Oberfläche steigen lassen. Warm stellen.

Suppe: Das Bergheu in eine große Pfanne pressen. Die Brühe beigeben. Aufkochen und bei schwacher Hitze 40 Minuten köcheln lassen. Flüssigkeit durch ein feines Tuch oder ein Spitzsieb passieren und erneut aufkochen. Butter mit dem Mehl verkneten. Nach und nach unter ständigem Rühren in die kochende Heusuppe geben. Die Suppe auf 800 ml/ 8 dl einkochen lassen. Den Portwein beigeben und mit Meersalz abschmecken.

Anrichten: Heusuppe aufkochen. Geschlagene Sahne einrühren. Suppe kurz aufschäumen lassen. Klößchen in vorgewärmte Tassen oder Teller legen. Heiße Suppe dazugießen. Mit dem Weizengras garnieren. Sofort servieren.

Tip: Die Heusuppe muß sehr rasch serviert werden, damit sie luftig auf den Tisch kommt. Das Weizengras harmoniert ausgezeichnet mit dem süßlichen Aroma der Heusuppe. – Das Bergheu kann selbstverständlich durch normales Heu ersetzt werden. Wichtig ist, daß es von einer Wiese stammt, auf der kein Kunstdünger und dergleichen eingesetzt worden ist und wo die Artenvielfalt (Aroma) noch intakt ist.

Grießklößchen-Varianten: Auf Gemüseragout, als Einlage oder Beilage zu einem Hühnereintopf mit Sojasprossen, zu Fruchtkompott, mit Fruchtsauce und Eis.

Abbildung nebenan

Rustikale Getreidesuppe

60 g	Triticale, über Nacht eingeweicht
30 g	Zwiebeln, grob gehackt
30 g	Möhren/Karotten, in Scheibchen geschnitten
30 g	Porree/Lauch, in Streifen geschnitten
30 g	Kohlrabi, in Stäbchen geschnitten
2	Knoblauchzehen, geviertelt
1	Lorbeerblatt
2	Nelken
3 EL	Olivenöl
30 g	Kartoffeln, in Stäbchen geschnitten
1½ l	Gemüse- oder Geflügelbrühe/-bouillon
100 g/1 dl	Sahne/Rahm
	Pfeffer aus der Mühle
	Meersalz

Geriebener Parmesan

◆◆◆

Sämtliches Gemüse im Olivenöl dünsten. Triticale, Lorbeerblatt, Nelken, Kartoffeln und Gemüsebrühe beigeben. Auf kleiner Stufe garen. Nach 20 Minuten Kochzeit die Sahne beigeben. Weitere 10 Minuten köcheln lassen. Kurz vor dem Servieren Lorbeerblatt und Nelken entfernen. Mit Meersalz und Pfeffer würzen. Suppe anrichten. Mit dem Parmesan bestreuen. Mit knusprigem Vollkornbrot servieren.

Zitronengrassuppe mit Gemüseeinlage und Wontons

❖❖❖

Zitronengrasbrühe

8	Zitronengrasstengel (in asiatischen Läden erhältlich), grob zerkleinert
1 l	Gemüsebrühe/-bouillon
100 g	Mischgemüse (Möhren/Karotten, Pfälzer, Kohlrabi, Zucchini, Porree/Lauch usw.)
	Bambussprossen (aus dem Feinkostladen/ Comestibles)
	Kerbelblättchen
	Schnittlauchblüten nach Belieben

Wontonteig (gebackene Ravioli)

130 g	Dinkel, fein gemahlen, Kleie ausgesiebt
80 g	Quinoa, sehr fein gemahlen
ca. 100 ml/1 dl	Wasser
1 EL	Distelöl
1 Prise	Meersalz
1	Eiweiß
20 g	Quinoa, sehr fein gemahlen, für die Arbeitsfläche

Wontonfüllung

60 g	Alfalfakeimlinge
40 g	Sojasprossen
20 g	Butter
1	Eigelb von 1 Freilandei
3 EL	Sahne/Rahm
	Meersalz
	schwarzer Pfeffer aus der Mühle
2 EL	Schnittlauch, fein geschnitten

❖❖❖

19

Suppe: Zitronengras in der Gemüsebrühe aufkochen. Pfanne von der Herdplatte nehmen. Brühe 30 Minuten ziehen lassen. Je länger man das Zitronengras in der Brühe beläßt, desto aromatischer wird die Suppe.

Gemüseeinlage: Mischgemüse gefällig kleinschneiden oder mit kleinen Ausstechern beliebige Formen ausstechen. Über Dampf knackig kochen. Zur Brühe geben.

Wontonteig: Sämtliche Zutaten zu einem geschmeidigen Teig kneten. 40 Minuten in Klarsichtfolie eingepackt ruhen lassen.

Wontonfüllung: Sojasprossen und Alfalfakeimlinge in der Butter kurz dünsten. Mit Salz und Pfeffer würzen. Eigelb, Sahne und Schnittlauch mit den Sprossen und Keimlingen mischen.

Wontons: Teig auf bemehlter Arbeitsfläche hauchdünn ausrollen. Quadrate von 5 x 5 cm schneiden. Auf jedes Plätzchen einen Teelöffel Füllung geben. Ränder mit Eiweiß einstreichen. Ecken über das Kreuz (diagonal) nach oben nehmen. Alle 4 Kanten gut zusammendrücken. Spitzen wenig einschlagen. Wontons in heißem Öl (200 °C) 2 bis 3 Minuten fritieren. Auf Küchenpapier abtropfen lassen.

Variante: Doppelte Menge Wontons als Hauptgericht, z. B. mit einer Tomatensauce.

Abbildung nebenan

Curry-Grünkernsuppe

❖❖❖

100–120 g	Grünkern, mittelfein geschrotet
	(Menge je nach gewünschter Konsistenz)
1 TL	Butter oder Bratbutter
	milder und scharfer Curry
	edelsüßer Paprika
1 Prise	Ingwer
800 ml/8 dl	Gemüsebrühe/-bouillon
100 g	Porree/Lauch, in feine Streifen geschnitten
50 g	Möhren/Karotten, klein gewürfelt
	Kräutermeersalz
	frische Saisonkräuter, z. B. Liebstöckel oder
	Petersilie

❖❖❖

Grünkernschrot in der Butter dünsten. Die Gewürze dazugeben und mitdünsten. Mit der Gemüsebrühe ablöschen. Aufkochen. Das Gemüse beigeben. Auf kleinem Feuer 10 Minuten köcheln und rund 10 Minuten ausquellen lassen. Mit Kräutermeersalz und frischen Kräutern nach Belieben abschmecken.

Tip: Zusammen mit einem Frischkostsalat ist diese Suppe auch ein leichtes, vollwertiges Abendessen. Sie läßt sich auch mit allen anderen Getreidesorten zubereiten.

Schaumige Amaranth-Gemüsesuppe

200 g	Möhren/Karotten, grob geraspelt (Röstiraffel)
1	Zwiebel, fein gehackt
1 EL	Butter
je 1 Prise	Koriander, Piment, Rosmarin, Muskatnuß
50 g	Amaranth, möglichst fein gemahlen
	(2mal durch die Mühle lassen)
600 ml/6 dl	Gemüsebrühe/-bouillon
100 g/1 dl	Sahne/Rahm
	Kräutermeersalz
	frische Saisonkräuter, z. B. Kerbel

◆◆◆

Möhren zusammen mit den Zwiebeln in der Butter dünsten. Gewürze dazugeben. Amaranthmehl durch ein Mehlsieb in die Pfanne stäuben. Mit der Gemüsebrühe ablöschen. Aufkochen. 10 Minuten köcheln lassen. Suppe pürieren. Einen Teil der geschlagenen Sahne in die heiße Suppe rühren (Rest als Garnitur verwenden). Mit Kräutermeersalz abschmecken. Mit frischen Kräutern und der restlichen Sahne garnieren.

Tip: Diese Suppe kann auch mit Pastinaken oder Potimarronkürbis zubereitet werden.

Sprossendrink mit Grünkernwaffeln

◆◆◆

Grünkernwaffeln (6–8 Stück)
90 g	Grünkern, sehr fein gemahlen
75 g	Dinkel, sehr fein gemahlen
30 g	Sesam, ungeschält
2 Prisen	Kräutermeersalz
2 EL	Hefeflocken
30 g	Butter
1 Prise	Sternanispulver
350 ml/3½ dl	kohlensäurereiches Mineralwasser
1	Freilandei

Sprossendrink
5	Champignons oder andere Pilzsorte, sehr fein gewürfelt
2 kleine	Möhren/Karotten, sehr fein geraspelt
100 ml/1 dl	unvergorener Möhren-/Karottensaft
1 EL	Zitronensaft
80 g	Alfalfagrün, fein geschnitten (zur Abwechslung auch Leinsamengrün)
	Kräutersalz
	Pfeffer aus der Mühle
1 Prise	Currypulver
wenig	Petersilie, fein gehackt
100 g	Bioquark
700 ml/7 dl	Buttermilch

Waffeln: Dinkel- und Grünkernmehl, Sesam, Salz, Hefeflocken und Sternanis mischen. Mineralwasser und Ei beifügen und zu einem glatten Teig verrühren.

Das Waffeleisen auf mittlere Stufe vorheizen. Teig in kleinen Portionen bei mittlerer Temperatur zu goldgelben Waffeln backen. Waffeln auf einem Gitter auskühlen lassen.

24

Vor dem Servieren im Ofen bei 200 °C einige Minuten aufbacken. Die Waffeln werden so besonders knusprig.

Sprossendrink: Sämtliche Zutaten gut verrühren. Mit Salz und Pfeffer aus der Mühle abschmecken.

Tip: Grünkernwaffeln und Sprossendrink können ein leichtes Nachtessen sein oder ein nicht alltäglicher Apero.

Grünkernrondellen im Mohnmantel

◆◆◆

200 g	Grünkern, mittelfein geschrotet
1 TL	Butter
400 ml/4 dl	Gemüsebrühe/-bouillon
	getrockneter Zitronenthymian
1 Prise	Koriander
	Kräutermeersalz
ca. 50 g	Mohnsamen
	Bratbutter

◆◆◆

Grünkernschrot in der Butter leicht rösten. Gemüsebrühe und Zitronenthymian dazugeben. Unter Rühren aufkochen. Schrot auf der ausgeschalteten Herdplatte zugedeckt 20 bis 30 Minuten ausquellen lassen.

Grünkern würzen. Die Hälfte der Mohnsamen auf die Arbeitsfläche streuen. Grünkernpaste finderdick darauf ausstreichen. Mit dem restlichen Mohn bestreuen. Samen leicht andrücken. Erkalten lassen. Mit einem runden Ausstecher Rondellen ausstechen. In der Bratbutter beidseitg braten.

Tip: Mit Gemüse, Kürbispüree oder Porree/Lauch servieren.

Terrine im Gerstenkleid

für 10 Personen
für 1 Terrine von 1 l Inhalt

Terrinemantel
250 g	Gerste, gekocht
20 g	Brunnenkresse
250 ml/2½ dl	kräftige Hühnerbrühe/-bouillon
3 Blatt	Gelatine

Buttermilchfüllung
200 ml/2 dl	Buttermilch
150 g/1½ dl	Sahne/Rahm
2½ Blatt	Gelatine
	Meersalz
	Pfeffer aus der Mühle

Quarkfüllung
200 g	Bioquark
150 g/1½ dl	Sahne/Rahm
2 ½ Blatt	Gelatine
	Meersalz
	Pfeffer aus der Mühle

Bärlauch oder anderer Blattsalat als Garnitur
Keimlinge und Sprossen als Garnitur

♦♦♦

Terrinemantel: Terrineform im Tiefkühler vorkühlen. Je kühler die Form und die Zutaten, desto rascher kann gearbeitet werden.

Gelatine für einige Minuten in kaltem Wasser einlegen. Gut ausdrücken. 50 ml/½ dl Hühnerbrühe erwärmen. Gelatine darin auflösen. Gerste, Brunnenkresse und restliche Hühnerbrühe zur Gelatine geben. Masse in einer Schüssel auf Eis oder im Eiswasser unter stetigem Rühren solange abkühlen, bis sie zu gelieren beginnt.

Eine Längsseite der Form (die zu bearbeitende Seite muß unten liegen) 5 mm dick gleichmäßig mit der Gerstenmasse einstreichen. Im Tiefkühler oder Kühlschrank festwerden lassen. Im Tiefkühler dauert dies nur wenige Minuten. Mit der zweiten Längsseite und dem Boden gleich verfahren. Wenn die Sulze zu fest ist, diese im warmen Wasserbad verflüssigen. Form bis zur Weiterverarbeitung in den Kühlschrank stellen.

Buttermilchfüllung (1. Lage): Gelatine für einige Minuten in kaltem Wasser einlegen. Gut ausdrücken. Wenig Buttermilch erwärmen. Die Gelatine darin auflösen. Zur restlichen Buttermilch geben. Würzen. Masse in einer Schüssel auf Eis oder im Eiswasser unter stetigem Rühren solange abkühlen lassen, bis sie zu gelieren beginnt. Masse halbieren. Die Hälfte der steifgeschlagenen Sahne unter die eine Hälfte ziehen. In die Form füllen. Glattstreichen. Terrine in den Kühlschrank stellen. Festwerden lassen.

Quarkfüllung: Gelatine für einige Minuten in kaltem Wasser einlegen. Gut ausdrücken. Gelatine im heißen Wasserbad auflösen. Unter den Quark rühren. Würzen. Masse in einer Schüssel auf Eis oder im Eiswasser solange rühren, bis sie zu gelieren beginnt. Steifgeschlagene Sahne darunterziehen. In die Form füllen und glattstreichen. Terrine in den Kühlschrank stellen. Festwerden lassen.

Fortsetzung Seite 28

Buttermilchfüllung (2. Lage): Wenn die restliche Sulze zu fest ist, diese im warmen Wasserbad verflüssigen. Auf Eiswasser auskühlen lassen. Restliche Sahne darunterziehen. In die Form füllen und glattstreichen. Terrine in den Kühlschrank stellen. Festwerden lassen.

Anrichten: Terrine mindestens für 2 Stunden oder länger in den Kühlschrank stellen. Form in heißes Wasser tauchen und stürzen. Mit einem scharfen Messer Tranchen schneiden.

Varianten: Das Rezept kann beliebig abgeändert werden. Man kann z. B. nur die Buttermilch- oder Quarkfüllung verwenden, die Grundmasse mit Saft von Rote Bete/Rande, mit püriertem Spinat oder pürierter Petersilie, Safranpulver (in wenig Wasser auflösen), Tomatensaft usw. färben.

Wenn der Gerstenmantel für einmal zu aufwendig ist, diesen einfach weglassen. Füllungen gemäß Beschrieb sandwichartig in die Form füllen. In diesem Falle können die verschiedensten Formen (auch Portionenförmchen) verwendet werden.

Tip: Es empfiehlt sich, die Terrine am Vortag herzustellen, damit keine Hektik und kein Zeitdruck aufkommt. Wenn man die Terrine nach jedem Arbeitsgang gut kühlt, kann eigentlich nichts schief gehen.

Abbildung nebenan

Quarkteigkuchen mit Morcheln und Sojasprossen

für ein rundes Kuchenblech von 25 cm Durchmesser
für 8 Personen als Vorspeise
oder 4 Personen als kleine Mahlzeit

Teig

85 g	Butter, weich
65 g	Bioquark
2 Prisen	Salz
10 g	Quinoa, fein gemahlen
85 g	Dinkel, fein gemahlen
1 Prise	Kardamompulver

Füllung

25 g	Butter
40 g	Schalotten, fein gehackt
wenig	Knoblauch, gepreßt
100 g	frische Morcheln
50 g	Sojasprossen
30 g	Weizensprossen
2	Freilandeier, verquirlt
150 g/1½ dl	Sahne/Rahm
1 Bund	Schnittlauch, fein geschnitten
wenig	Salz
	Pfeffer aus der Mühle

◆◆◆

Teig: Butter und Quark verrühren. Mit den restlichen Zutaten zu einem Teig zusammenfügen. Einige Stunden oder über Nacht in Klarsichtfolie eingepackt im Kühlschrank ruhen lassen.

Füllung: Morcheln putzen, vierteln. Unter fließend kaltem Wasser Sand wegspülen. Trockentupfen. Schalotten in

der Butter dünsten. Pilze und Sprossen beigeben und mitdünsten. Pfanne von der Herdplatte nehmen. Sahne, Eier und
Schnittlauch beigeben. Würzen.

Fertigstellen: Form gut einbuttern. Teig auf Blechgröße
ausrollen. Teig stechen. Füllung auf den Boden verteilen.
Kuchen bei 220 °C rund 30 Minuten backen.

Tip: Zum Pilzkuchen einen knackigen Blattsalat mit
Keimlingen servieren.

Süß-saurer Keimlingsalat

◆◆◆

2 Tassen	Alfalfasprossen
1 Tasse	Weizensprossen
¼ Tasse	Senfsprossen (sehr scharf)
¼ Tasse	Rettichsprossen (scharf und würzig)
2	Birnen, in Würfelchen geschnitten
2	große Rote Bete/Randen, roh oder gekocht

Sauce

6 EL	kaltgepreßtes Distelöl
wenig	Kräuteressig
	Meersalz
	schwarzer Pfeffer aus der Mühle
einige	Tropfen Zitronensaft

◆◆◆

Sprossen und Keimlinge ziehen siehe Seite 122. Sprossen und Birnenwürfelchen mit ¾ der Sauce mischen. Rote
Bete schälen. Mit einer Légumette Spaghetti herstellen oder
das Gemüse grob raspeln (Röstiraffel) oder von Hand in
dünne Stäbchen schneiden. Mit der restlichen Sauce
mischen. Sprossensalat und Rote Bete-Salat auf Teller anrichten. Nach Belieben mit Birnenstückchen garnieren.

Bunter Salat mit Keimlingen und Sprossen

200 g	gemischte Sprossen und Keimlinge (z. B. Alfalfa, Kresse, Weizen, Roggen, Mungobohnen, Linsen, Senf, Rettich usw.)
300 g	Mischsalat, z. B. Brüsseler Endivie/Chicorée, Radicchio, Eichblatt, Feld-/Nüsslisalat, Kopfsalat, Löwenzahn, Eisberg, Lattich, junger Spinat, Kapuzinerkresse usw.)
100 g	junges Gemüse, z. B. Broccoli, Spargel, Fenchel, Kohlrabi, Avocado, Möhren/Karotten, Gemüsepaprika/Peperoni, Frühlingsporree/-lauch, Gurken, Rettich usw.

Vinaigrette

3 EL	Apfelessig
100 ml/1 dl	Hasel- oder Walnuß-/Baumnußöl
1 TL	Bienenhonig
1 TL	Staubzucker/Puderzucker
1	kleine Schalotte, fein gehackt
1 Bund	Schnittlauch, fein geschnitten nach Belieben Pinienkerne, Walnüsse/ Baumnüsse, Haselnüsse, Sonnenblumenkerne

◆◆◆

Sprossen und Keimlinge ziehen siehe Seite 122. Die Sprossen mit fließendem Wasser überbrausen. Abtropfen lassen. Die Salate putzen/rüsten und waschen. Das Gemüse putzen/rüsten und waschen. In mundgerechte Stücke schneiden. Salat und Rohkost gefällig auf Teller anrichten. Salatsauce darüberträufeln. Keimlinge/Sprossen und Kerne darüberstreuen.

Abbildung nebenan

Haferherzen mit kalter Currysauce

◆◆◆

Haferherzen

160 g	Hafer, mittelfein geschrotet
1 EL	Butter
1	kleine Zwiebel, fein gehackt
je 1 Prise	Kurkuma, Curry, Rosenpaprika, Koriander gemahlen
350 ml/3½ dl	Gemüsebrühe/-bouillon
50 g	Kokosflocken
	Bratbutter zum Braten

Sauce

1 Becher	Joghurt nature
	Kräutermeersalz, Curry
1 Prise	Ingwer

◆◆◆

Haferherzen: Zwiebeln in der Butter dünsten. Haferschrot und Gewürze beigeben und kurz dünsten. Mit der Gemüsebrühe ablöschen. Aufkochen. 5 Minuten köcheln lassen. Schrot auf der ausgeschalteten Herdplatte zugedeckt 30 Minuten ausquellen lassen. Die Hälfte der Kokosflocken unter die Getreidemasse kneten. Die Masse mit 1 Löffel in die Form drücken. In den restlichen Kokosflocken wenden. Herzen ausstechen. Diese in den restlichen Kokosflocken wenden. Gut andrücken. Herzen vorsichtig in der Bratbutter oder in Maiskeimföl goldgelb braten.

Sauce: Joghurt je nach gewünschter Schärfe mit Curry, Salz und wenig Ingwer mischen.

Tip: Die Haferschrotmasse eignet sich auch zum Füllen von Zucchini. Anstelle der Herzform können auch Burger geformt werden.

Avocados mit Quinoafüllung

für 4 Personen als Vorspeise oder leichtes Abendessen

◆◆◆

50 g	Quinoa
100 ml/1 dl	Gemüsebrühe/-bouillon
2–3 EL	Apfelessig
2–3 EL	kaltgepreßtes Sonnenblumenöl
1 TL	Sojasauce
	Kräutermeersalz
	Kurkuma (Gelbwurz) für die Farbe
1 Prise	Ingwerpulver
½	Zwiebel, fein gehackt
80 g	Salatgurke, klein gewürfelt
½	Apfel, fein gewürfelt
1–2 EL	saure Sahne/Sauerrahm
½	Zitrone, abgeriebene Schale und Saft
½ Bund	frischer Dill
1–2	Avocados
	Blattsalat für die Garnitur

◆◆◆

Quinoa in der Gemüsebrühe 5 Minuten köcheln und auf der ausgeschalteten Herdplatte 20 Minuten ausquellen lassen. Den noch warmen Quinoa mit Essig, Öl, Sojasauce, Kräutermeersalz und den Gewürzen marinieren. Gurken, Zwiebeln und Äpfel, saure Sahne, Zitronenschalen, Zitronensaft und Dill mit dem Quinoa mischen. Abschmecken. Avocados schälen, halbieren, Stein entfernen. Mit Zitronensaft beträufeln (verhindert das Verfärben) und mit wenig Salz würzen. Quinoasalat auf die 4 Avocadohälften verteilen. Auf Blattsalat anrichten und mit Dill garnieren.

Tip: Die Avocadohälften können auch in Spalten geschnitten und fächerartig auf den Tellern angerichtet werden. Getreidesalat und nach Belieben Blattsalat gefällig dazu anrichten.

Gerstenbowle mit Chi und Beeren

für 1 Liter Bowle

½ l	Malventee
2–3 EL	Sanddornsaft, mit Löwenzahnhonig gesüßt
1	Zitrone, Saft davon
je 1 Prise	Zimt- und Nelkenpulver
4–5	Zitronenscheiben, unbehandelt
½ l	Chi
80 g	Gerstenkörner, gegart
400 g	Beeren, z. B. Himbeeren, Erdbeeren, Heidelbeeren, Blaubeeren, Brombeeren, Johannisbeeren usw., je nach Saison und Angebot
5	Pfefferminzblätter, in feine Streifen geschnitten
300 ml/3 dl	Champagner, nach Belieben

◆◆◆

Bowle: Malventee mit dem gesüßten Sanddornsaft, Zitronensaft, Zimt- und Nelkenpulver abschmecken. Zitronenscheiben, Chi, Gerste und Beeren beifügen und kalt stellen. Kurz vor dem Servieren den Champagner beifügen.

Variante: Anstelle von Malventee 100 ml/1 dl Holunderblütensirup nehmen. Mit Mineralwasser oder einem trockenen Weißwein auf ½ l ergänzen.

Produkteinformation: Chi (ausgesprochen «Dschii») wird aus guatemaltekischem Wildhonig, erlesenen Kräutern und hochwertigen Zutaten aus kontrolliertem Bioanbau in einem Spezialverfahren unter Verwendung von Bakterien- und Hefekulturen vergoren. Bei diesem Gärungsprozeß bildet sich auch etwas natürliche Kohlensäure. Zur Schonung der Enzyme wird Chi ohne thermische Behandlung abgefüllt.

Abbildung nebenan

Pikanter Strudel

für 8–10 Personen als Vorspeise
für 4 Personen als Hauptspeise

Teig (für 2 Strudel)
300 g	Dinkel, sehr fein gemahlen, Kleie ausgesiebt
½ TL	Meersalz
80 g	Butter, weich
1	Freilandei
1	Eigelb
125 g/1¼ dl	saure Sahne/Sauerrahm
	flüssige Butter

Füllung
1,2 kg	Mischgemüse (Möhren/Karotten, Knollensellerie, Porree/Lauch, Kohlrabi, Broccoli, Blumenkohl usw., je nach Saison)
20 g	Butter
2 EL	Dinkelmehl
50 g/½ dl	Sahne/Rahm
1 Bund	Petersilie, fein geschnitten
	Meersalz
	Pfeffer aus der Mühle

Teig: Mehl und Salz mischen. Butter in Stücke schneiden. Mit dem Mehl krümelig reiben. Eier und saure Sahne dazugeben. Zu einem glatten Teig zusammenfügen. Teig in Klarsichtfolie eingewickelt 2 Stunden im Kühlschrank ruhen lassen. Dieser Teig ist ideal für Gemüsestrudel, also für Strudel, deren Teig nicht hauchdünn sein muß.

Füllung: Das Gemüse kleinschneiden. In der Butter auf kleiner Stufe unter häufigen Rühren knackig kochen. Mehl und Sahne dazugeben. Gut würzen. Flüssigkeit vollständig einköcheln lassen. Petersilie dazugeben. Füllung auskühlen lassen.

Stiegl-Bier.
Das Salzburger Bier.

Die größte
Privatbrauerei
Österreichs.

Unangefochten hält die
Stieglbrauerei die Position der
größten österreichischen
Privatbrauerei. Eine Entwicklung, die
auf einem Grundsatz beruht.
Auf der Ausgewogenheit zwischen
zwei Polen:
Tradition und Modernisierung.
Eine Vorrangstellung, die bereits
heute in die Zukunft weist:
Jahrhundertealte Brauerfahrung
und die Güte der hochwertigen
Biere sind die Gewähr dafür.

Stiegl-Bier.
Das Salzburger Bier.

Strudel: Teig halbieren. Auf bemehltem Küchentuch 2 möglichst dünne Rechtecke ausrollen. Mit flüssiger Butter einstreichen. Ausgesiebte Kleie auf den Teig streuen. Die Füllung auf die beiden Rechtecke verteilen, dabei auf allen Seiten einen 3 cm breiten Rand lassen. Teigenden allseitig über die Füllung einschlagen, zuerst die Schmalseiten, dann die Längsseiten. Mit Hilfe des Küchentuches zu einer Roulade drehen. Strudel auf ein gefettetes Blech legen (Teigenden unten). Mit flüssiger Butter einstreichen. Teig mit der Gabel stechen. Im vorgeheizten Ofen bei 190 °C 35 Minuten backen.

Tip: Zum Strudel einen bunten Blattsalat servieren.

Kohlrabi-Bananensalat
mit Keimlingen

◆◆◆

50	Buchweizen
1–2	Kohlrabi
2	Bio-Bananen

Sauce

1	Zitrone, Saft davon
wenig	Apfelessig oder Himbeeressig
2 EL	kaltgepresstes Sonnenblumenöl
2 EL	saure Sahne/Sauerrahm
½ TL	milder Curry (der Salat darf gelb werden)
1 Prise	scharfer Curry
1 Msp	frischer Ingwer oder Ingwerpulver
1 Prise	Kreuzkümmel, gemahlen (nach Belieben)
einige	frische Minzenblättchen, fein geschnitten
	Kräutermeersalz

Fortsetzung Seite 40

Sauce für Blattsalat und Keimlinge
        Kräuteressig
        kaltgepreßtes Sonnenblumenöl
        Kräutermeersalz
        Pfeffer aus der Mühle

einige Blatt   Radicchio/Chicorino rosso
        Pinienkerne als Garnitur

Keimlinge: Buchweizen keimen (2 bis 3 Tage). Vorgehen: siehe Sprossen und Keimlinge ziehen Seite 122.

Salat: Sauce sämig rühren. Kohlrabi in Stäbchen schneiden. Bananen scheibeln. Mit der Sauce mischen. 10 Minuten stehen lassen. Abschmecken. Buchweizensprossen mit wenig Salatsauce marinieren.

Anrichten: Radicchio auf Tellern auslegen. Mit Salatsauce beträufeln. Sprossen mit dem Kohlrabi-Bananen-Salat mischen. Auf dem Blattsalat anrichten. Mit Pinienkernen bestreuen.

Krautwickel mit Gersten-Schafskäsefüllung

◆◆◆

160 g	Gerste, mittelfein geschrotet
350 ml/3½ dl	Gemüsebrühe/-bouillon
1	Zwiebel, fein gehackt
1 EL	Butter
120 g	Steinpilze oder Pleurothons, feinblättrig geschnitten
	Rosenpaprika
	Muskatnuß
eine Prise	Koriander, gemahlen
	Thymian
1 Bund	Petersilie, fein gehackt
	Kräutermeersalz
100 g	Feta (Schafskäse)
8	große Stielmangoldblätter/Krautstielblätter, ohne Stiel
wenig	Gemüsebrühe/-bouillon für die Form

◆◆◆

Gerstenschrot in der Gemüsebrühe 5 Minuten köcheln lassen. Auf ausgeschalteter Herdplatte zugedeckt 30 Minuten ausquellen lassen. Zwiebeln in der Butter dünsten. Pilze beigeben und würzen. 5 bis 10 Minuten im eigenen Saft dünsten. Pilze mit der Gerste mischen. Feta mit der Gabel zerdrücken. Zur Gerste geben. Pikant würzen.

Mangoldblätter in reichlich Salzwasser blanchieren und auf einem Küchentuch auslegen. 1½ Eßlöffel Gerstenmasse auf jedem Blatt gleichmäßig ausstreichen. Einrollen. Wickel in eine gebutterte Gratinform legen. Wenig Gemüsebrühe dazugießen. Im Ofen bei 220 °C rund 20 Minuten pochieren.

Tip: Für dieses Gericht kann auch jedes andere Getreide verwendet werden.

Fleischroulade auf Roggenspätzle mit gefüllten Zucchiniblüten

◆◆◆

Fleischroulade

4	Puten-/Truten- oder Kalbsschnitzel à 120 g
4	ausgelöste Scampischwänze
20 g	Butter
25 g	Schalotten, fein gehackt
50 g	Vollreis, gekocht
30 g	Reismehl
2	Eigelb von Freilandeiern
2 EL	Sahne/Rahm
1 Msp	Currypulver
25 g	Bärlauch oder Schnittlauch, fein geschnitten
	Meersalz
	Pfeffer aus der Mühle
	Holzzahnstocher
	Öl zum Braten

Sauce

300 ml/3 dl	Rotwein
100 ml/1 dl	Portwein
100 ml/1 dl	kräftige Hühnerbrühe/-bouillon
	Meersalz
	Pfeffer aus der Mühle
60 g	Butter, kalt

Roggenspätzle

30 g	Roggenkörner, über Nacht in 100 ml/1 dl Wasser quellen lassen
125 g	Roggen, fein gemahlen
2	Freilandeier
125 ml/1^{1}/4 dl	Milch
2 Prisen	Meersalz
40 g	Butter
	Salbeiblätter

Zucchiniblüten
30 g	Grünkern, über Nacht in 100 ml/1 dl Wasser quellen lassen
4	große Zucchiniblüten samt Frucht
1	Zucchini, klein gewürfelt
25 g	Butter
1	Schalotte, fein gehackt
½	Knoblauchzehe, fein gehackt
2	kleine Birkenpilze, klein geschnitten (Ersatz: Pfifferlinge oder Steinpilze) Pfeffer aus der Mühle
1	Eigelb von einem Freilandei
3 EL	Sahne/Rahm
300 ml/3 dl	Gemüsebrühe/-bouillon

Fleischroulade: Fleisch zwischen 2 Klarsichfolien mit dem Fleischklopfer gleichmäßig flachklopfen. Mit Salz und Pfeffer leicht würzen.

Gehackte Schalotten in der Butter glasig dünsten. Reis beigeben. Mit dem Reismehl bestäuben. Pfanne von der Herdplatte nehmen. Eigelb, Sahne, Currypulver und Bärlauch/Schnittlauch mit dem Reis mischen. Füllung auskühlen lassen. Mit Salz und Pfeffer würzen.

Reismasse auf die Schnitzel streichen. Mit einem Scampischwanz belegen. Satt einrollen und mit 2 Zahnstochern fixieren. In Klarsichtfolie eingewickelt kühl stellen.

Sauce: Rot- und Portwein sowie Hühnerbrühe auf ca. 100 ml/1 dl einköcheln lassen.

Roggenkörner: Roggenkörner im Einweichwasser aufkochen. Auf kleiner Stufe 45 Minuten garen. 40 Minuten auf der ausgeschalteten Herdplatte zugedeckt nachquellen lassen.

Fortsetzung Seite 44

Roggenspätzle: Mehl, Eier, Milch und Salz mit einer Lochkelle kräftig schlagen. Würzen. Teig bei Zimmertemperatur zugedeckt eine Stunde ruhen lassen. Von Zeit zu Zeit kräftig schlagen. Der Teig soll schwer vom Löffel fallen. Den Teig durch ein Spätzlesieb oder einen Spätzlehobel oder vom Brett in kochendes Salzwasser schaben. Sobald die Spätzle an die Oberfläche steigen, mit der Schaumkelle herausnehmen. Mit kaltem Wasser abschrecken.

Zucchiniblüten: Grünkern im Einweichwasser auf kleiner Stufe 25 Minuten garen. Auf der ausgeschalteten Herdplatte zugedeckt 15 Minuten nachquellen lassen.
Zucchiniblüten von der Frucht trennen. Zucchini über Dampf knackig kochen. Zur Seite stellen. Blüten waschen und den bitteren Stempel entfernen. Schalotten, Knoblauch und Pilze in der Butter dünsten. Mit Salz und Pfeffer würzen. Zucchiniwürfelchen beigeben und kurz dünsten. Pfanne von der Herdplatte nehmen. Sahne, Eigelb und Grünkern zu den Zucchiniwürfelchen geben. Zucchiniblüten zur Hälfte füllen. Blütenspitzen vorsichtig eindrehen. Gemüsebrühe in einem nicht zu großen Kochgeschirr aufkochen. Blüten in die Brühe stellen. Im Ofen bei 150 °C 20 Minuten pochieren.

Anrichten: Fleischrouladen im Öl rundum kräftig braten. – Für die Spätzle Salbeiblätter in der Butter schwenken. Spätzle und Roggenkörner beigeben und aufwärmen. – Zucchini fächerartig aufschneiden. In wenig Butter erwärmen.– Sauce aufkochen. Kalte Butter stückchenweise unter kräftigem Rühren zur Sauce geben. Nach Belieben abschmecken. – Mit der Sauce auf den vorgewärmten Tellern einen Spiegel machen. Spätzle anrichten. Fleisch in Tranchen schneiden. Auf die Spätzle legen. Zucchini und Zucchiniblüten dazulegen. Restliche Sauce separat servieren.

Tip: Die doppelte Menge Roggenspätzle reicht für eine ganze Mahlzeit. Dazu Gemüse und Salat servieren.

Abbildung nebenan

Roggen-Auberginen-Burger

160 g	Roggen, mittelfein geschrotet
½	Zwiebel, fein gehackt
1 TL	Butter
350 ml/3½ dl	Gemüsebrühe/-bouillon
je 1 Prise	Rosmarin, Thymian, Oregano, Rosenpaprika, Muskatnuß
	Kräutermeersalz
400 g	Auberginen
	Olivenöl zum Braten
200 g	Mozzarella
	frisches Basilikum
1	Eiweiß von einem Freilandei (wenn die Auberginen in der Pfanne gebraten werden)

Zwiebeln in der Butter dünsten. Roggenschrot und Gewürze beigeben. Mit der Gemüsebrühe ablöschen. Aufkochen. 5 bis 10 Minuten köcheln und alsdann auf der ausgeschalteten Herdplatte zugedeckt 30 bis 40 Minuten ausquellen lassen.

Auberginen in Scheiben schneiden und salzen. Einige Minuten stehen lassen. Auberginen mit einem Küchentuch trockentupfen. Gemüsescheiben auf einem geölten Backblech im Ofen bei 220 °C zirka 10 Minuten backen. Oder: Auberginen im Eiweiß wenden (nehmen dadurch weniger Fett auf) und im heißen Olivenöl braten.

Roggenschrot gut würzen. Mit einem Eisportionierer Kugeln abstechen und diese auf ein gefettetes Blech setzen. Kugeln leicht flach drücken. Eine Auberginenscheibe, ein Basilikumblatt und eine Scheibe Mozzarella darauflegen. Im Ofen bei 220 °C überbacken.

Tip: Der Getreidemasse 1 Eßlöffel geröstete, gehackte Mandeln beigeben. Aus der Schrotmasse kann anstelle der Burger auch ein Gratin zubereitet werden.

Mangoldroulade auf Ingwersauce mit Gemüsespiralen

❖❖❖

Pfannkuchenteig
3	Freilandeier
200 ml/2 dl	Milch
120 g	Dinkelmehl, sehr fein gemahlen
20 g	Hafer, fein geschrotet, 2 Stunden eingeweicht
20 g	Nacktgerste, fein geschrotet, 30 Minuten eingeweicht
½ TL	Salz
	Butter zum Backen

Mangoldfüllung
20 g	Hirsekörner, gekocht
12	Stielmangold/Krautstiele (gebraucht werden alle Blätter und 160 g der weißen Stiele)
20 g	Butter
2 EL	Schnittlauch, fein geschnitten
80 g	Dinkelmehl, fein gemahlen
400 g/4 dl	Sahne/Rahm
	Meersalz, Pfeffer aus der Mühle
	Muskatnuß

Gemüsespiralen/Gemüsestengelchen
2	große Rote Bete/Randen, roh
2	sehr große Möhren/Karotten
2	große Kohlrabi
	Meersalz, Pfeffer aus der Mühle

Ingwersauce
200 g/2 dl	Sahne/Rahm
100 ml/1 dl	Gemüsebrühe/-bouillon
20 g	frischer Ingwer, in kleinste Würfelchen (Brunoise) geschnitten
	Meersalz, Pfeffer aus der Mühle
wenig	Koriander
20 g	Butterstückchen, kalt

Abbildung Seite 49

47

Pfannkuchenteig: Eier, Milch und Salz verquirlen. Dinkelmehl, Hafer und Gerste dazugeben. Zu einem glatten Teig verrühren. 20 Minuten ruhen lassen.

Mangoldfüllung: Mangoldblätter sorgfältig von den Stielen trennen. Stiele putzen (160 g), grobe Fasern abziehen. Kleine Würfelchen schneiden. Ganze Blätter in viel kochendem Salzwasser blanchieren. Sofort im Eiswasser (Wasser mit Eiwürfeln) abschrecken, damit die grüne Farbe erhalten bleibt. Blätter auf Küchentüchern auslegen. In der warmen Butter Mangoldwürfelchen dünsten. Abgetropfte Hirsekörner, Schnittlauch und Dinkelmehl darunterrühren. Die Sahne in die Pfanne geben. Stark einköcheln lassen. Mit geriebener Muskatnuß, Salz und Pfeffer abschmecken. Füllung erkalten lassen.

Pfannkuchen backen und füllen: In einer nicht klebenden Pfanne in wenig Butter Pfannkuchen von rund 3 mm Dicke ausbacken. Füllung 5 mm dick auf die Pfannkuchen streichen, 2 cm Rand freilassen. Mit Mangoldblättern belegen. Nochmals gleichviel Füllung auf die Blätter streichen. Pfannkuchen sorgfältig aufrollen. In eine Alufolie einwikkeln. Im Ofen warm halten.

Gemüse: Gemüse putzen. Mit der Spiralnadel von jedem Gemüse in der gewünschten Länge Spiralen abziehen (aufwendig). Weniger aufwendig: das Gemüse in feine Stäbchen oder Würfelchen schneiden oder mit dem Sparschäler Streifen abziehen. In einem genügend großen Siebeinsatz (die Rote Bete sollte man gut getrennt halten können wegen des Verfärbens) knackig kochen.

Sauce: Sahne und Gemüsebrühe auf kleiner Stufe auf $\frac{1}{3}$ einreduzieren. Ingwer beigeben. Würzen. Kurz vor dem Anrichten die Sauce abermals aufkochen. Die Butterstückchen unter Rühren beigeben.

Anrichten: Das Gemüse nacheinander in wenig Butter schwenken. Würzen. Mangoldrouladen in 2 cm dicke Tranchen schneiden.

Rösti von Basmatireis
mit Gemüsestreifen

150 g	Basmati Vollreis
350 ml/3½ dl	Gemüsebrühe/-bouillon
1	Freilandei
5 EL	Sahne/Rahm
50 g	Schnittlauch, fein geschnitten
100 g	Porree/Lauch, in feine Streifen geschnitten
	Meersalz
	Pfeffer aus der Mühle
	Bratbutter
	Schnittlauch, fein geschnitten, als Garnitur

♦♦♦

Reis und Wasser aufkochen. Auf kleiner Stufe 30 Minuten garen lassen. Auf der ausgeschalteten Herdplatte zugedeckt 30 Minuten nachquellen lassen. Sahne, Ei, Schnittlauch und Porree verquirlen. Mit Salz und Pfeffer würzen. In einer nicht klebenden Pfanne den Reis in der Butter erhitzen. Guß über den Reis gießen. Reiskuchen bei mittlerer Temperatur beidseitig braten. Schnittlauch darüberstreuen.

Variante: Anstelle von Porree und Schnittlauch Apfelstückchen, Sojasprossen, gekochte Linsen oder Getreidekeimlinge beigeben.

Tip: Reisrösti mit Gemüse und Salat servieren. Es können auch Küchlein gebacken werden: Reis mit den übrigen Zutaten mischen und in der Pfanne «Burger» formen.

Nußbraten

◆◆◆

100 g	Nüsse, fein gerieben, z. B. Mandeln, Haselnüsse, Walnüsse/Baumnüsse
100 g	trockenes Vollkornbrot
1	Zwiebel, fein gehackt
1	Knoblauchzehe, gepreßt
1½ EL	Olivenöl
1–1½	Freilandei, je nach Eigröße und Feuchtigkeit von Käse und Brot
70 g	Reibkäse, z. B. Greyerzerkäse
	Kräutermeersalz
1 Bund	Petersilie, fein gehackt
	Sojasauce
	Thymian, Rosenpaprika, Pfeffer aus der Mühle, wenig Koriander

◆◆◆

Vollkornbrot im Cutter oder von Hand reiben. Mit den Nüssen mischen. Zwiebeln und Knoblauch im Olivenöl dünsten. Sämtliche Zutaten gut mischen. Mit der Sojasauce und den übrigen Gewürzen abschmecken. Auf einem leicht geölten Backblech von Hand einen Laib formen. Im vorgeheizten Ofen bei 180 °C rund 30 Minuten backen. Nussbraten leicht auskühlen lassen. Mit einem scharfen Messer Tranchen schneiden. Dazu Gemüse servieren.

Variante: Aus dem Teig kleine Kugeln formen. In der Butter braten.

Dinkel-Pizokels mit frischen Steinpilzen und Thymian

◆◆◆

Pizokels

300 g	Dinkel, fein gemahlen
2 Prisen	Meersalz
wenig	Pfeffer aus der Mühle
4	Freilandeier
wenig	Olivenöl
100 ml/1 dl	Milch
1	Knoblauchzehe, gepreßt

Steinpilze

200 g	frische Steinpilze
2 EL	Olivenöl
30 g	Butter
30 g	Zwiebeln, fein gehackt
1	Knoblauchzehe, fein gehackt
20 g	Senf
100 ml/1 dl	Weißwein
100 g/1 dl	Sahne/Rahm
einige	Thymianblättchen

◆◆◆

Pizokels: Mehl, Salz und Pfeffer in einer großen Schüssel mischen. Eier, Olivenöl und Milch verquirlen. Mit dem Mehl zu einem glatten Teig rühren. Teig solange mit einer Lochkelle schlagen, bis er Blasen wirft. Knoblauch beigeben. Zugedeckt 30 Minuten ruhen lassen.
    Reichlich Salzwasser zum Kochen bringen. Pizokels portionenweise von einem nassen Brett ins kochende Wasser «schaben». Sobald die Pizokels an die Oberfläche steigen, diese mit der Schaumkelle herausnehmen und in Eiswasser abkühlen. Herausnehmen und trocknen lassen.

Steinpilze: Steinpilze mit einem Tuch putzen oder kurz unter fließendem Wasser säubern. Pilze nicht zu klein in

Scheiben schneiden. Olivenöl und Butter erhitzen. Zwiebeln dünsten. Pilze und Knoblauch beigeben und kurz mitdünsten. Mit dem Weißwein ablöschen. Senf darunterrühren.

Anrichten: Pizokels in der Steinpilzsauce erwärmen. Schlagsahne/Schlagrahm sowie Tymianblättchen in die Pfanne geben. Nochmals erwärmen. Sofort servieren.

Triticale-Grünkern-Klößchen

◆◆◆

80 g	Triticale, mittelfein geschrotet
80 g	Grünkernschrot, mittelfein geschrotet
1	Zwiebel, fein gehackt
1 EL	Bratbutter
350 ml/3½ dl	Gemüsebrühe/-bouillon
1 EL	grüne Pfefferkörner
	Kräutermeersalz
je 1 Prise	Rosenpaprika, Piment, Macis, Koriander
2–3 EL	Vollmilchquark
120 g	Möhren/Karotten, fein geraspelt
20–30 g	Dinkelvollgrieß
	Bratbutter

◆◆◆

Zwiebeln in der Butter dünsten. Getreideschrot und Gewürze beigeben. Mit der Gemüsebrühe ablöschen. Aufkochen. Auf kleiner Stufe 5 Minuten köcheln lassen. Pfefferkörner unter fließendem Wasser spülen. Zum Getreideschrot geben. Getreide auf der ausgeschalteten Herdplatte 5 Minuten nachquellen lassen. Ausgekühlte Masse mit dem Quark und den Möhren mischen. Pikant würzen. Mit einem Eßlöffel Klößchen abstechen und diese im Dinkelvollgrieß drehen. In der Bratbutter langsam braten.

Tip: Es kann auch nur ein Getreide verwendet werden.

Koteletts mit Maisplätzchen und Triticale-Wirsing-Klößchen

◆◆◆

Koteletts
600 g	Karree vom Lamm (8 Koteletts samt Knochen)
4 EL	Olivenöl
	Meersalz
	Pfeffer aus der Mühle
30 g	Bratbutter

Gelber Mais
zusammen mit dem schwarzen Mais für 8 Portionen
½ l	Milch
½ l	Wasser
1	Knoblauchzehe, gepreßt
2	Nelken
1	Lorbeerblatt
250 g	Bramata Mais
1 TL	Meersalz

Schwarzer Mais
zusammen mit dem gelben Mais für 8 Portionen
1 l	Kochwasser von schwarzem thailändischem Kleberreis (Rezept Seite 63)
1	Knoblauchzehe, gepreßt
2	Nelken
1	Lorbeerblatt
280 g	Bramata Mais
1 TL	Meersalz
60 g	Butter
100 g	geriebener Parmesan

Triticale-Wirsing-Klößchen
300 g	Wirsing/Wirz
30 g	Butter

30 g	Schalotten, fein gehackt
50 g	Triticale, gekocht
2	Eigelb von Freilandeiern
50 ml/½ dl	Sahne/Rahm
	Meersalz, Pfeffer aus der Mühle

Portweinsauce

200 g	Honigmelonen, gewürfelt
2 EL	Olivenöl
50 g	Schalotten, fein gehackt
1 EL	Birnendicksaft
2 EL	Balsamicoessig
450 ml/4½ dl	Portwein oder
200 ml/2 dl	Rotwein und 250 ml/2½ dl Portwein
1	kleiner Rosmarinzweig
1	Lorbeerblatt
2	Nelken
1	Knoblauchzehe, halbiert
1 EL	Pfeilwurzmehl
	Meersalz, Pfeffer aus der Mühle

Bramata Mais: Gelben und schwarzen Mais getrennt kochen. Flüssigkeit, Mais, Salz, Knoblauch, Nelken und Lorbeerblatt aufkochen. Auf kleinster Stufe unter häufigem Rühren 1 Stunde garen. Das häufige Rühren ist wichtig, da der Mais auf dem Pfannenboden gerne klebt. Nelken und Lorbeerblatt entfernen. Mais auf ausgeschalteter Herdplatte zugedeckt 30 Minuten nachquellen lassen. Je die Hälfte Butter und Parmesan unter den Mais rühren.

Mais auf eingefettetem Blech etwa 15 mm dick streifenweise ausstreichen. Jeden Streifen seitlich mit einem Messer gut andrücken. Mit Folie zugedeckt erkalten lassen. Von der erkalteten Polenta nach Belieben Rondellen ausstechen oder Plätzchen schneiden.

Fortsetzung Seite 56, Abbildung Seite 57

Triticale-Wirsing-Klößchen: Wirsing in die einzelnen Blätter teilen. Blätter längs halbieren. Grobe Rippen wegschneiden und anderweitig verwerten. Wirsing in sehr feine Streifen schneiden. Zwiebeln und Wirsing in der Butter knakkig dünsten. Triticale beigeben. Eigelb und Sahne verquirlen. Zum Kraut geben. Würzen.

Portweinsauce: Schalotten und Honigmelonen im Olivenöl anschwitzen. Birnendicksaft beifügen und mit dem Balsamicoessig ablöschen. Sobald der Essig verdunstet ist, Portwein/Rotwein, Rosmarin, Lorbeerblatt, Nelken, Knoblauchzehe beigeben. Bei mittlerer Hitze auf die Hälfte einkochen lassen. Gewürze entfernen. Sauce durch ein Spitzsieb passieren. In wenig Wasser gelöstes Pfeilwurzmehl (Bindemittel) zusammen mit der Sauce aufkochen. Solange köcheln lassen, bis sie leicht bindet. Mit Salz und Pfeffer würzen.

Koteletts: Fleischknochen vom Metzger so vorbereiten lassen, daß er mühelos getrennt werden kann. Mit einem scharfen Messer die Haut rund um den Rippenknochen abschaben. Das Fleisch mit Salz und Pfeffer leicht würzen. Im heißen Öl allseitig kräftig anbraten. Im Backofen in Folie eingeschlagen bei 100 °C 20 Minuten ruhen lassen.

Anrichten: Maisplätzchen im Ofen aufwärmen. Wirsing erwärmen. Fleisch in der Bratbutter allseitig nochmals kurz, aber kräftig braten. Mit der Sauce auf vorgewärmten Tellern einen Spiegel machen. Karree in die einzelnen Koteletts teilen. Auf der Sauce anrichten. Maisplätzchen dazugeben. Vom Wirsing mit einem Eßlöffel Klößchen abstechen und auf die Teller stürzen.

Tip: Der restliche Mais kann im Kühlschrank einige Tage aufbewahrt werden. Maisplätzchen in der Butter braten. Zusammen mit Gemüse und Salat als Hauptmahlzeit servieren.

Abbildung nebenan

Gersten-Champignons-Gratin

200 g	Gerste, mittelfein geschrotet
400 ml/4 dl	Gemüsebrühe/-bouillon
½	Zwiebel, fein gehackt
1 TL	Butter oder Olivenöl
400 g	Champignons
	Thymian
	Majoran
	edelsüßer Rosenpaprika
je 1 Prise	Koriander und Muskatnuß
	Kräutermeersalz
80 g	Sonnenblumenkerne
100 g	Reibkäse
½	Zitrone, abgeriebene Schale davon

◆◆◆

Gerstenschrot und Gemüsebrühe aufkochen. 5 Minuten leicht köcheln lassen. Auf der ausgeschalteten Herdplatte 30 Minuten ausquellen lassen (kann auch am Vorabend gemacht werden). Gehackte Zwiebeln in der Butter oder im Öl dünsten. Feinblättrig geschnittene Champignons, Kräuter und Gewürze beigeben. 5 Minuten ohne Flüssigkeitszugabe dünsten. Sonnenblumenkerne ohne Fettstoff leicht bräunen, auskühlen lassen und grob hacken. Die Hälfte der Sonnenblumenkerne mit der Gerstenschrotmasse mischen. Die Masse in eine gebutterte Gratinform füllen und glattstreichen. Champignons darauf verteilen. Käse, Zitronenschale und restliche Sonnenblumenkerne darüberstreuen. Bei 220°C 10 bis 15 Minuten überbacken.

Tip: Mit Salat und Gemüse, z. B. Zucchini, servieren. Das Getreide und Gemüse kann bei diesem Gratin nach Belieben variiert werden.

Steinbutt in der Grünkernkruste auf Safran-Hafercreme

◆◆◆

Fisch

4	Steinbuttfilets zu 130 g
3 EL	kaltgepreßtes Olivenöl oder Butter
	Meersalz
	Pfeffer aus der Mühle
100 g	gartenfrische Petersilie
30 g	Grünkern, fein geschrotet, 30 Minuten in 50 ml/½ dl Wasser eingeweicht
20 g	Butter
20 g	Zwiebeln oder Schalotten, fein gehackt
30 g	Porree/Lauch, fein gewürfelt
20 g	Schnittlauch, fein geschnitten
50 g	Grünkern, fein gemahlen
1	Eigelb von einem Freilandei
3 EL	Sahne/Rahm
1	Eiweiß
	Saft von ¼ unbehandelter Zitrone
	Meersalz
	Pfeffer aus der Mühle

Safran-Hafercreme

50 g	Hafer, fein geschrotet
20 g	Hafer, grob geschrotet, 30 Minuten in 50 ml/½ dl Wasser eingeweicht
200 g/2 dl	Sahne/Rahm oder halb Sahne/Rahm, halb Buttermilch
40	Safranfäden
	Meersalz
	Pfeffer aus der Mühle
100 ml/1 dl	Wasser oder Gemüsebrühe

◆◆◆

Fortsetzung Seite 60

Safran-Hafercreme: Grob geschroteten Hafer im Einweichwassser weichkochen.

Fein geschroteten Hafer samt Safranfäden in der Hälfte der Sahne (100 ml/1 dl) zu einer dicken Creme einköcheln lassen. Durch ein Sieb streichen. Hafercreme kurz vor dem Servieren abermals aufkochen. Unter kräftigem Schlagen die restliche Sahne dazugeben. Bei Bedarf mit wenig Wasser/Gemüsebrühe verdünnen. Mit Meersalz und Pfeffer abschmecken. Groben Haferschrot zur Sauce geben oder nach Belieben darüberstreuen.

Fisch: Petersilie von Hand sehr fein hacken. In regelmäßigen Abständen (alle 3 cm) in das Fischfleisch auf einer Seite mit einem scharfen Messer Einschnitte machen. Gehackte Petersilie in die Öffnungen drücken.

Eingeweichten Grünkernschrot abtropfen lassen. Getreidemantel: Zwiebeln und Getreideschrot in der Butter dünsten. Porree kurz mitdünsten. Schnittlauch und Grünkernmehl beigeben. Eigelb und Sahne verquirlen. Zur Masse geben. Mit Zitronensaft, Pfeffer und Meersalz abschmecken. Kurz vor der Weiterverwendung das steifgeschlagene Eiweiß unter die Masse ziehen. Wir erhalten eine luftige, bekömmliche Masse.

Fischfilets mit Salz und Pfeffer würzen. Die Grünkernpaste dünn auf die Oberseite (Petersilienseite) streichen. Fischfilets auf der Unterseite in einer nicht klebenden Pfanne in der Butter kurz anbraten. Filets mit Bratseite unten in eine eingebutterte Form legen. Im vorgeheizten Ofen bei großer Oberhitze die Teigkruste Farbe annehmen lassen.

Variante: Wenn man bei der Hafercreme die Gemüsebrühe auf 600 ml/6 dl erhöht, erhält man bei gleicher Zubereitung eine feine Hafercremesuppe.

Abbildung nebenan, Rezept «Capuns» Seite 62

Schwarze Capuns

für 4–6 Personen

Capunsteig

8	Freilandeier
30 g	Hartweizengrieß
200 g	Dinkel, sehr fein gemahlen, Kleie ausgesiebt
300 g	Weizen, sehr fein gemahlen
25 g	Sojamehl
100 ml/1 dl	Kochwasser von schwarzem Kleberreis
2 EL	kaltgepreßtes Olivenöl
25 g	geräucherter Speck, gewürfelt
25 g	Bündner Salsiz/Trockenwurst, gewürfelt
50 g	Bündnerfleisch/getrocknetes Rindfleisch, gewürfelt
75 g	Zwiebeln oder Schalotten, fein gehackt
½	Knoblauchzehe, gepreßt
1 Bund	Petersilie, ohne Stengel, fein gehackt
2 Zweiglein	krause Minze, fein geschnitten

Hüllblätter

30	schöne Schnittmangoldblätter, ohne Risse und Löcher
30 g	Butter
50 g	Parmesan, gerieben
	Meersalz
	Pfeffer aus der Mühle

◆◆◆

Teig: Eier, Grieß, Mehl, Wasser und Öl zu einem ziemlich festen Spätzleteig verarbeiten. 30 Minuten ruhen lassen. Kleingewürfeltes Fleisch, Zwiebeln, Knoblauch und Kräuter unter den Spätzleteig arbeiten. Sehr sparsam mit Salz und Pfeffer würzen (das Fleisch enthält reichlich Salz).

Hüllblätter: Mangoldblätter in viel Salzwasser blanchieren und sofort im Eiswasser (Wasser mit Eiswürfeln) abkühlen. Einen gehäuften Eßöffel Teig auf jedes Blatt geben und wie ein Päckchen einwickeln. Capuns in leicht gesalzenem Wasser auf kleinster Stufe 15 Minuten ziehen lassen. Mit der Schaumkelle aus dem Kochwasser nehmen. Brühe für eine Gemüsesuppe verwenden.

Anrichten: Parmesankäse über die Capuns streuen. Leicht gebräunte Butter darüberträufeln.

Variante: Capuns in eine Gratinform legen. Soviel Sahne/Rahm dazugeben, daß die Capuns halbhoch in der Flüssigkeit stehen. Käsescheiben (Bergkäse oder einen leicht schmelzenden Vollfettkäse) auf die Capuns legen. Im vorgeheizten Ofen bei 220 °C 25 Minuten backen.

Tip: Schrot für Müeslis, Brötchen/Brote, Aufläufe usw. verwenden. Als Beilage ⅓ Rezeptmenge zu Fleisch und/oder Gemüse.

Schwarzer thailändischer Kleberreis

◆◆◆

160 g	schwarzer Kleberreis (gerösteter asiatischer Reis)
1 l	Wasser
	Meersalz
40 g	Butter

◆◆◆

Den Reis unter fließendem Wasser waschen. Auf kleiner Stufe 30 bis 35 Minuten garen. Reis abseihen, dabei Kochflüssigkeit auffangen (kann für Gerichte wie schwarze Capuns, schwarze Polenta usw. verwendet werden) und aufbewahren. Den Reis würzen und mit der Butter verfeinern.

63

Pizza

◆◆◆

Teig

250 g	Triticale, fein gemahlen (oder ½ Triticale, ½ Dinkel)
200 ml/2 dl	Wasser
30 g	Frischhefe
je ½ TL	Honig und Vollmeersalz

Belag

1	Zwiebel, in dünne Ringe geschnitten
200–300 g	Porree/Lauch
200 g	Champignons, feinblättrig geschnitten
1–2 EL	Olivenöl
500 g	Potimarron-Kürbis (große Kürbisse sind für die Pizza zu wässrig) Rosenpaprika, Oregano, Majoran, Thymian, ein Hauch Ingwerpulver, Pfeffer aus der Mühle Kräutermeersalz
200 g	Mozzarella, grob geraspelt (Röstiraffel) schwarze Oliven nach Belieben
2 EL	Olivenöl

◆◆◆

Teig: In einem Maßbecher kaltes Wasser, Hefe, Honig und Salz verrühren. Mit dem Mehl auf der Arbeitsfläche einen Kranz formen. Flüssigkeit nach und nach zum Mehl geben. Zu einem Teig zusammenfügen und diesen mindestens 10 Minuten gut kneten. Der fertige Teig darf nicht mehr an den Fingern kleben, soll aber gut feucht sein. Teig 10 Minuten unter einem feuchten Tuch ruhen lassen. Den Eßlöffel Olivenöl unter den Teig kneten. Teig direkt auf einem bemehlten Blech ausrollen. Dünn mit Olivenöl einstreichen.

Belag: Zwiebeln und Porree im Olivenöl knackig dünsten. Leicht salzen. Pilze separat in wenig Olivenöl dünsten. Leicht salzen. Kürbis grob raspeln (mit der Röstiraffel).

Fertigstellen: Ausgekühltes Gemüse, Pilze, Kürbis und Käse gleichmäßig auf den Pizzaboden verteilen. Gewürze darüberstreuen. Mit Olivenöl beträufeln. Pizza im vorgeheizten Ofen bei 250 °C 15 bis 20 Minuten backen.

Überbackene Grünkernklößchen

für 4 bis 6 Personen

◆◆◆

160–200 g	Grünkern (oder Gerste, Roggen usw.), geschrotet
½	Zwiebel, fein gehackt
1 TL	Butter
	Thymian
wenig	Ingwer
1 Prise	milder Curry
1 Prise	Kurkuma (Gelbwurz)
400 ml/4 dl	Gemüsebrühe/-bouillon (350 ml/3½ dl bei 160 g Getreide)
	Kräutermeersalz
20 g	Sesam, ungeschält
50 g	Reibkäse

◆◆◆

Zwiebel in der Butter dünsten. Getreideschrot dazugeben und kurz mitdünsten. Gewürze zum Schrot geben und mit der Gemüsebrühe ablöschen. Aufkochen. Auf der ausgeschalteten Herdplatte 20 bis 30 Minuten ausquellen lassen. Mit Kräutermeersalz abschmecken. Mit dem Eisportionierer Kugeln oder mit einem Eßlöffel Klößchen abstechen, leicht andrücken. Kugeln/Klößchen in eine gefettete Gratinform geben. Mit dem Sesam und dem Reibkäse bestreuen. Im vorgeheizten Ofen bei 220 °C 10 bis 15 Minuten überbacken.

Tip: Mit Saisongemüse oder Salat servieren.

Hirse mit Curry-Zucchini

Hirse
200 g	Goldhirse
400 ml/4 dl	Gemüsebrühe/-bouillon

Zucchini
800 g	Zucchini, gewürfelt
1 EL	Olivenöl oder Butter
1	Zwiebel, fein gehackt
	milder und scharfer Curry, Rosenpaprika, Muskatnuß
1 Prise	Koriander
wenig	Gemüsebrühe/-bouillon
80 g	Cashewnüsse/Kernels
2–3	Bio-Bananen, gescheibelt
100 g/1 dl	saure Sahne/Sauerrahm
	Kräutermeersalz

◆◆◆

Hirse: Hirse in der Gemüsebrühe auf kleinem Feuer 5 Minuten köcheln lassen. Auf der ausgeschalteten Herdplatte 15 Minuten ausquellen lassen. Nicht rühren.

Zucchini: Zwiebeln im Olivenöl oder in der Butter dünsten. Zucchini beigeben. Würzen. Mit wenig Gemüsebrühe ablöschen. Nüsse beifügen. 5 bis 10 Minuten köcheln lassen. Zum Schluß die Bananen beigeben. Nochmals aufwärmen. Mit der sauren Sahne und dem Kräutermeersalz abschmekken.

Anrichten: Die Hirse auf Teller anrichten und das Zucchini-Bananenragout dazugeben.

Tip: Die Zucchini können durch Kürbis oder Auberginen ersetzt werden.

Bündner Gerstenterrine mit Wildkräutern

Terrineform von 1 l Inhalt

◆◆◆

Fleischbrühe

200 g	Suppenfleisch vom Rind
2½ l	Wasser
1	Gemüsebouquet (Knolllensellerie, Möhre/ Karotte, Porree/Lauch, Zwiebel, Kräuter)

Terrine

1,2 l	Fleischbrühe
40 g	Butter oder Olivenöl
100 g	Schalotten oder Zwiebeln, fein gehackt
50 g	gelbe Möhren/Karotten, fein gewürfelt
50 g	Möhren/Karotten, fein gewürfelt
50 g	Kohlrabi, fein gewürfelt
50 g	Porree/Lauch, fein geschnitten
50 g	Wirsing/Wirz, fein geschnitten
150 g	Gerste, über Nacht eingeweicht
40 g	Bündnerfleisch/getrocknetes Rindfleisch, fein gewürfelt
1	Knoblauchzehe, gepreßt
1	Lorbeerblatt
2	Nelken
200 g/2 dl	Sahne/Rahm
1 Bund	Schnittlauch, fein geschnitten
20 g	Petersilie, fein gehackt
8 Blatt	Gelatine
	Meersalz
	Pfeffer aus der Mühle

◆◆◆

Fortsetzung Seite 68

Fleischbrühe: Das Suppenfleisch zusammen mit dem Gemüsebouquet und den Kräutern auf kleiner Stufe 90 Minuten garen. Gemüse, Fleisch und Kräuter entfernen.

Terrine: Sämtliches Gemüse in der Butter oder im Öl dünsten. Bündnerfleisch, Knoblauch, Lorbeerblatt und Nelken beigeben und kurz mitdünsten. Gerstenkörner und Fleischbrühe dazugeben. Auf kleiner Stufe 20 Minuten garen. Pfanne von der Herdplatte nehmen. Die Hälfte Sahne dazugeben. Suppe zugedeckt 40 Minuten nachquellen lassen. Lorbeerblatt und Nelken entfernen. Masse gut auskühlen lassen (im Kühlschrank). Terrineform oder Portionenförmchen im Kühlschrank oder Tiefkühler kühlen. Gelatine für ein paar Minuten in kaltes Wasser legen. 800 ml/8 dl Gerstensuppe abmessen. Die gut ausgedrückte Gelatine in wenig erwärmter Gerstensuppe (100 ml/1 dl) auflösen. Zusammen mit den Kräutern zur Suppe zurückgeben. Gut rühren. Mit Salz und Pfeffer abschmecken. Masse abermals kühlen (nicht festwerden lassen). Steifgeschlagene Sahne (100 g/1 dl) darunterziehen. In die Form füllen und im Kühlschrank festwerden lassen.

Anrichten: Wildkräuter wie Bärlauch, Sauerampfer, Beinwurz, Brennesselblätter, Gänseblümchen, Schafgarbenblätter, Huflattich usw. mit wenig Blattsalat auf Teller anrichten. Terrinenform in heißes Wasser tauchen. Rand mit einem Messer lösen. Stürzen. Zentimeterdicke Tranchen schneiden (Messer vor jedem Schnitt in heißes Wasser tauchen). Zum Salat legen. Mit einer Vinaigrette aus Rotweinessig (Rezept Seite 118) oder mit einer Möhren-/Karottensauce mit Balsamicoessig ohne Kreuzkümmel (Rezept Seite 118) servieren.

Tip: Das kleingewürfelte Suppenfleisch kann nach Belieben unter die Terrinemasse gemischt werden.

Variante: Wenn man die Gelatine wegläßt, erhält man eine ganz normale Bündner Gerstensuppe. Suppe mit knusprigem Vollkornbrot servieren.

Abbildung nebenan

Maismedaillons auf Gemüsesauce

für 4 bis 6 Personen

◆◆◆

150 g	Maisgrieß
600 ml/6 dl	Gemüsebrühe/-bouillon
1 EL	Bratbutter
150 g	Porree/Lauch, in feine Ringe geschnitten
	Rosenpaprika, mild und scharf
	Muskatnuß
je 1 Prise	Koriander und Kurkuma
40 g	mittelfeiner Haferschrot, leicht geröstet
	Kräutermeersalz
40 g	Reibkäse

Gemüsesauce
150 g	Rote Bete/Randen, roh
1 TL	Butter
400 ml/4 dl	Gemüsebrühe/-bouillon
1 EL	Vollreismehl zum Binden der Sauce
2 EL	Sahne/Rahm
	Koriander
	Piment
	Ingwer, gemahlen
wenig	frischer Meerrettich, fein gerieben (fakultativ)

Maismedaillons: Maisgrieß mit der Gemüsebrühe unter Rühren aufkochen. 20 Minuten auf kleiner Stufe köcheln lassen. Auf der ausgeschalteten Herdplatte zugedeckt 30 Minuten nachquellen lassen.

Porree zusammen mit den Gewürzen in der Butter 5 bis 10 Minuten knackig dünsten. Mit dem Mais mischen. Haferschrot und Käse unter den Mais rühren. Erkalten lassen.

Mit dem Eisportionierer Kugeln abstechen. Diese leicht flach drücken. Auf einem eingefetteten Blech im Ofen bei 220 °C rund 20 Minuten goldgelb backen.

Sauce: Rote Bete schälen, fein raspeln. In der Butter dünsten. Würzen. Mit der Gemüsebrühe ablöschen. 10 Minuten auf kleinem Feuer köcheln lassen. Sauce pürieren. Vollreismehl mit wenig kaltem Wasser anrühren. Sauce abermals aufkochen und mit dem Vollreismehl binden. Mit der Sahne, dem Kräutermeersalz und dem Meerrettich abschmecken. Farbe eventuell mit wenig frischem Rote Betesaft auffrischen.

Tip: Für die Maismedaillons kann man auch Polentaresten verwenden. Variante: Medaillons in einem Teil des Haferschrotes wenden und in der Butter braten.

Maiskugeln mit Dörrfrüchten

300 g	Bramata Mais
1,2–1,4 l	Milch
150 g	Buchweizen, fein gemahlen
50 g	Dörrbirnen, über Nacht eingeweicht
50 g	Dörraprikosen
100 g	Butter
3 Prisen	Meersalz
2 l	kräftige Gemüsebrühe/-bouillon

Milch und Mais aufkochen. Auf kleiner Stufe unter häufigem Rühren rund 1 Stunde köcheln lassen. Auf der ausgeschalteten Herdplatte zugedeckt 30 Minuten nachquellen lassen. Dörrbirnen und Dörraprikosen kleinschneiden. Butter schmelzen. Sämtliche Zutaten mit dem Mais mischen und zu einem festen Teig kneten. Kugeln formen. Diese einzeln in Baumwolltüchlein (Mulltüchlein) binden. Gemüsebrühe aufkochen. Maiskugeln in der Gemüsebrühe auf kleinster Stufe 45 bis 60 Minuten ziehen lassen, je nach Größe.

Reis-Linsensalat mit Gemüse und Roquefort

50 g	Basmati Vollreis
300 ml/3 dl	Gemüsebrühe/-bouillon
50–80 g	grüne Linsen
1 EL	Olivenöl
100 g	Möhren/Karotten
100 g	Porree/Lauch
100 g	grüne Bohnen
100 g	Broccoliröschen
130 g	Roquefort, gewürfelt
	Kräutermeersalz
	Pfeffer aus der Mühle
je 1 Prise	milder Curry und Rosenpaprika
	Blattsalat als Garnitur
2 EL	Sonnenblumenkerne für die Garnitur, leicht geröstet

Sauce

4 EL	Apfelessig
1–2 TL	Balsamicoessig
1–2 TL	Sojasauce
3 EL	kaltgepreßtes Walnußöl/Baumnußöl
2 EL	kaltgepreßtes Sonnenblumenöl
	frisches Basilikum, fein geschnitten
	frische Petersilie, fein gehackt
1	Handvoll Ruccolasalat, fein gehackt
	Kräutermeersalz

◆◆◆

Basmati Reis und Linsen in je 150 ml leichter Gemüsebrühe weichkochen. Essig, Sojasauce und Öl verrühren. Reis und Linsen darin marinieren. Von den Möhren mit dem Sparschäler dünne Streifen abziehen. Porree in 8 cm lange Stücke und diese längs in feine Streifen schneiden. Porree, Broccoli und Möhren im Olivenöl dünsten. Grüne Bohnen über Dampf knackig kochen. Das noch warme Gemüse zum Reis

und den Linsen geben. Restliche Zutaten dazugeben. Gut
würzen. Den lauwarmen Salat auf Blattsalat anrichten. Mit
den Sonnenblumenkernen bestreuen.

Roggenplätzchen

1	Zwiebel, fein gehackt
1 EL	Butter
200 g	Roggen, sehr fein geschrotet
400 ml/4 dl	Gemüsebrühe/-bouillon
1	Möhre/Karotte, fein geraspelt
1 TL	frischer Meerrettich, gerieben
	Kräutermeersalz
1 Prise	Piment

◆◆◆

Zwiebeln in der Butter dünsten. Roggenschrot dazugeben und kurz mitdünsten. Mit der Gemüsebrühe ablöschen.
Aufkochen und unter Rühren 5 bis 10 Minuten leicht
köcheln lassen. Auf der ausgeschalteten Herdplatte zugedeckt 30 Minuten ausquellen lassen. Schrot mit den Möhren
und dem Meerrettich mischen. Würzen.

Aus der Schrotmasse direkt auf dem gebutterten Blech
mit Hilfe eines rechteckigen Ausstechers Plätzchen formen.
Mit dem Spachtel glattstreichen. Im Ofen bei 180 °C 15 bis
20 Minuten backen. Plätzchen nach 10 Minuten wenden.

Anrichten: Mit Meerrettichschaum (frisch geriebener
Meerrettich, Schlagsahne/Schlagrahm, Gewürze) und Gemüse servieren.

Bündner Früchtebrot mit Getreide- und Fischplätzchen

❖❖❖

für 5 Früchtebrot

1 kg	Dörrbirnen
400 ml/4 dl	kräftiger Rotwein (z. B. Veltliner)
400 ml/4 dl	Wasser
250 g	Dörrpflaumen, ohne Stein, grob geschnitten
250 g	Dörrfeigen, grob geschnitten
200 g	Sultaninen
100 g	Haselnüsse, ganz
100 g	Walnuß-/Baumnußhälften
70 g	Pistazienkerne, ganz
70 g	Pinienkerne, ganz
100 g	Birnendicksaft
4 EL	Birnbrotgewürz

Hefeteig

200 ml/2 dl	Milch
60 g	Hefe
450 g	Weizen, fein gemahlen
300 g	Roggen, fein gemahlen
100 g	Butter, weich
75 g	Bioquark
150 g	Bienenhonig
2	Freilandeier
1 TL	Meersalz
2	Eigelb zum Bestreichen

Haferflockenplätzchen

300 g	Schalenkartoffeln vom Vortag
50 g	Haferflocken
50 g	Hafer, fein gemahlen
100 g	Mischgemüse, z. B. Möhren/Karotten, Kohlrabi, Porree/Lauch, Sellerie
30 g	Parmesan, gerieben

3	Eigelb von Freilandeiern
	Muskatnuß, frisch gerieben
	Meersalz
	schwarzer Pfeffer aus der Mühle
40 g	Petersilie, gehackt
	Butter zum Braten

Fischplätzchen

2 EL	Olivenöl
100 g	Salm, ohne Gräte und ohne Haut, klein gewürfelt
1	Schalotte, fein gehackt
50 g	Gemüsepaprika-/Peperoniwürfelchen
20 g	Schnittlauch, fein geschnitten
2	Eigelb von Freilandeiern
4	EL Sahne/Rahm
	Meersalz
	Pfeffer aus der Mühle
	Butter zum Braten

Früchtebrot: Birnen über Nacht im Wasser und im Wein einlegen. Anderntags klein schneiden und in der Einweichflüssigkeit weichkochen. Mit den übrigen Zutaten mischen.

Für den Teig die Hefe in der temperierten Milch auflösen. 15 Minuten stehen lassen. Hefe zusammen mit den übrigen Zutaten zum Mehl geben. Gut kneten. Teig bei Zimmertemperatur 90 Minuten gehen lassen. Eine Hälfte Teig mit der Birnenbrotmasse gut verkneten. 5 Laibe formen. Die andere Teighälfte in 5 Portionen teilen. Ausrollen. Laibe in den Teig packen. 30 Minuten ruhen lassen. Laibe auf ein gefettetes Blech legen (Teigenden unten). Mit Eigelb einstreichen und mit der Gabel stechen. Im vorgeheizten Ofen bei 180°C 50 Minuten backen. Auskühlen lassen. In Folie eingewickelt und kühl aufbewahrt hält sich das Brot problemlos 4 bis 6 Wochen.

Fortsetzung Seite 76, Abbildung Seite 77

Tip: Das Früchtebrot kann auch tiefgekühlt werden. Lagerdauer 3 bis 4 Monate. Für den «Burger» wird nur ein kleiner Teil des Früchtebrotes gebraucht.

Haferflockenplätzchen: Gemüse sehr klein würfeln. Über Dampf knackig kochen. Kartoffeln schälen und mit der Bircherraffel reiben. Die Haferflocken ohne Fett hellgelb rösten. Alle Zutaten mischen. Nach Belieben würzen. Kleine, flache Plätzchen in der Größe der Früchtebrotscheiben formen und in einer nicht klebenden Pfanne in der Butter beidseitig braten.

Fischplätzchen: Salmwürfelchen im heißem Olivenöl unter stetem Wenden kurz anbraten. Beiseite stellen. In der gleichen Pfanne Zwiebeln und Gemüsepaprika weichdünsten. Schnittlauch dazugeben. Eigelb und Sahne verquirlen. Mit Salz und Pfeffer würzen. Sämtliche Zutaten mischen. Plätzchen in der Größe der Früchtebrotscheiben formen und in einer nicht klebenden Pfanne in der Butter beidseitig braten.

Anrichten: Pro Person 3 Scheiben Früchtebrot schneiden. Nach Belieben mit einem großen Ausstecher Rondellen ausstechen oder das Brot in seiner ovalen Form belassen. Je ein Haferflocken- und Fischplätzchen zwischen die Brotscheiben legen. Mit gerösteten Pinien-, Kürbis- und Pistazienkernen und einigen Rosmarinnadeln garnieren.

Abbildung nebenan

Buchweizenauflauf mit Zimtäpfeln

◆◆◆

Auflauf

200 g	Buchweizen
400 ml/4 dl	Apfelsaft, naturtrüb
1 Prise	Zimtpulver
ca. 1½ EL	Birnendicksaft
1	Zitrone, Saft und abgeriebene Schale davon
	Butter für die Form
150 g	Mandeln oder Walnüsse/Baumnüsse, gerieben, leicht geröstet
750 g	säuerliche Äpfel (Boskoop) samt Schale, grob geraspelt oder fein gescheibelt
ca. 2 EL	Vollrohrzucker
	reichlich Zimt
20–40 g	Butterflocken

Vanillesauce

400 ml/4 dl	Milch
100 g/1 dl	Sahne/Rahm
1	Vanilleschote, längs halbiert
1	Prise Vollmeersalz
1½ EL	Akazienhonig
1½ EL	(15 g) Hirsemehl, sehr fein gemahlen (im Reformhaus mahlen lassen)
1	Eigelb

◆◆◆

Auflauf: Buchweizen, Apfelsaft und die Prise Zimtpulver aufkochen. 5 Minuten köcheln lassen. Auf der ausgeschalteten Herdplatte zugedeckt 20 bis 30 Minuten ausquellen lassen. Buchweizen mit Birnendicksaft, Zitronensaft und abgeriebener Zitronenschale abschmecken. Die Hälfte der Äpfel mit dem Buchweizen mischen. Masse in eine gebutterte Gratinform füllen. Gleichmäßig ausstreichen. Restliche Äpfel darauf verteilen. Mit Zimt, Vollrohrzucker und Butterflocken bestreuen. Im Ofen bei 200 °C 15 bis 20 Minuten backen, bis die Äpfel weich sind.

Variante: Nach Belieben können der Buchweizenmasse 1 bis 2 Eier beigegeben werden. Eigelb mit der Masse mischen. Eiweiß zu Schnee schlagen. Unter die Masse heben. Der Auflauf wird durch die Eier luftiger und feuchter.

Vanillesauce: Hirsemehl mit der Milch verrühren. Milch, Sahne, Vanilleschote und die Prise Salz unter Rühren aufkochen. Solange köcheln lassen, bis die Sauce eindickt. Samen der Vanilleschote in die Sauce kratzen. Eigelb mit wenig Sauce glattrühren. Unter die warme, nicht kochende Sauce rühren.

Eierkuchen mit gepufftem Amaranth und Brennesseln

für 1 Person

◆◆◆

Eierkuchen
1 EL	Amaranth, gepufft (aus dem Reformhaus)
2	Freilandeier
einige	Brennesselblätter, in Streifen geschnitten, oder Schnittlauch und Petersilie Meersalz, Pfeffer aus der Mühle
10 g	Butter

◆◆◆

Eier gut verquirlen. Amaranth und Kräuter beigeben. Würzen. In einer nicht klebenden Pfanne die Butter schmelzen. Eimasse beigeben. Solange auf der Herdplatte belassen, bis die Masse festzuwerden beginnt (sie darf an der Oberfläche noch leicht flüssig sein). Eierkuchen aufrollen. Mit einem bunten Salat und knusprigem Vollkornbrot servieren.

Kartoffel-Buchweizen-Fladen

◆◆◆

200 g	Möhren/Karotten, roh (oder Pastinaken oder Rote Bete/Randen), fein geraspelt
400 g	Kartoffeln, roh, fein geraspelt
2	Freilandeier
2–4 EL	Sahne/Rahm oder saure Sahne/Sauerrahm
1 Bund	Thymian, fein gehackt
	Kräutermeersalz
je 1 Prise	Koriander, Piment und Kardamom
	Pfeffer aus der Mühle
20–40 g	Buchweizen, fein gemahlen
	Bratbutter

◆◆◆

Eier trennen. Eigelb, Möhren, Kartoffeln und Sahne mischen. Würzen. Eiweiß zu Schnee schlagen. Unter die Masse heben. Mit dem Buchweizenmehl binden.
In der Bratbutter langsam Fladen ausbacken (beidseitig backen). Achtung: Diese Masse läuft leicht auseinander. Deshalb Teig nur in kleinen Portionen in die Pfanne geben. Fladen warm stellen.

Tip: Mit einer Kräutersauce (saure Sahne/Sauerrahm, gehackte Kräuter, Gewürze) und Salat servieren.

Luftige Roggenfladen

(ergibt 10 Fladen)

◆◆◆

100 g	Roggen, mittelfein geschrotet
200 ml/2 dl	Gemüsebrühe/-bouillon
1 EL	Butter
½	Zwiebeln, fein gehackt
200 g	Mischgemüse je nach Saison,
	z. B. Knollensellerie, Zucchini oder Kürbis,
	Pastinaken
1 TL	Sojasauce
2	Freilandeier
wenig	Reibkäse
je 1 Prise	Paprika, Piment, Koriander
	Pfeffer aus der Mühle
½	Zitrone, abgeriebene Schale
	Kräutermeersalz
	Bratbutter

◆◆◆

Roggenschrot und Gemüsebrühe aufkochen. 5 Minuten köcheln lassen. Auf der ausgeschalteten Herdplatte 30 bis 40 Minuten ausquellen lassen.

Das Gemüse grob raspeln oder klein würfeln. Zwiebeln in der Butter dünsten. Das Gemüse beigeben und kurz mitdünsten. Auskühlen lassen. Mit der Sojasauce würzen.

Eier trennen. Eigelb, Schrot, Käse und Gemüse mischen. Würzen. Eiweiß zu Schnee schlagen. Unter die Masse heben. Bratbutter erhitzen. Mit einer Schöpfkelle den Teig portionenweise in die Pfanne geben. Auf beiden Seiten backen. Fladen warm stellen.

Tip: Mit Gemüse oder Blattsalat servieren.

Haferravioli auf Gemüsespaghetti mit Champignonsauce

◆◆◆

Teig

250 g	Haferflocken
2	Freilandeier
3	Eigelb von Freilandeiern
1–2 EL	Olivenöl
6–8 EL	Wasser
	Kräutermeersalz
100 g	Reis, sehr fein gemahlen

Füllung

20 g	Butter
75 g	Speckwürfelchen
30 g	Zwiebeln, fein gehackt
½	Knoblauchzehe, gepreßt
150 g	Spinat, blanchiert und fein gehackt
30 g	Vollkornsemmelbrösel/Vollkornpaniermehl
1	Freilandei
50 g/½ dl	Sahne/Rahm
2 EL	Parmesan, gerieben
30 g	Kräuter, gehackt, z.B. Petersilie, Kerbel, Dill usw.
	Meersalz, Pfeffer aus der Mühle

Champignonsauce

100 g	kleine Champignons
20 g	Schalotten, fein gehackt
½	Knoblauchzehe, gepreßt
2 EL	Oliven- oder Sonnenblumenöl
einige	Tropfen Zitronensaft
50 ml/½ dl	Weißwein
100 ml/1 dl	Gemüse- oder Geflügelbrühe/-bouillon
100 g/1 dl	Sahne/Rahm
1	kleiner Bund Schnittlauch, fein geschnitten
	Meersalz, Pfeffer aus der Mühle

Ravioliteig: Haferflocken in 2 Portionen ohne Fett leicht rösten. Ausgekühlte Flocken im Cutter (Moulinette) fein mahlen. Eier, Eigelb, Olivenöl und die Hälfte Reismehl mit dem Hafermehl mischen. Würzen. Soviel Wasser löffelweise beigeben, daß ein fester Teig entsteht. 25 Minuten ruhen lassen.

Füllung: Speckwürfelchen und Zwiebeln in der Butter dünsten. Knoblauch, Spinat und Brotbrösel mitdünsten. Pfanne von der Herdplatte ziehen. Ei und Sahne verquirlen. Zusammen mit dem Käse und den Kräutern unter die Füllung mischen. Würzen.

Ravioli herstellen: Teig zwischen 2 Cellophanlagen dünn ausrollen. Rondellen von ca. 10 cm Durchmesser ausstechen. Füllung in die Mitte einer Teighälfte geben. Ränder mit Wasser einstreichen. Rondellen zusammenklappen und mit der Gabelspitze rundum gut andrücken.

Sauce: Geputzte Champignons zusammen mit den Schalotten im Öl dünsten. Knoblauch beigeben. Mit dem Zitronensaft und dem Weißwein ablöschen. Gemüsebrühe dazugeben. Sauce stark einköcheln lassen. Sahne zur Sauce geben. Abermals aufkochen. Würzen. Den Schnittlauch beigeben.

Gemüsespaghetti: Möhren schälen. Mit einer Légumette Spaghetti herstellen. Wer keine Maschine hat, zieht mit dem Sparschäler (Kartoffelschäler) dünne Streifen ab und schneidet diese von Hand längs in spaghettiähnliche Streifen.

Anrichten: Ravioli in reichlich Salzwasser al dente kochen. Sobald sie an die Oberfläche steigen, mit der Schaumkelle herausnehmen und in der Butter schwenken. Gemüsespaghetti in wenig Butter kurz dünsten. Mit der Pilzsauce einen Spiegel machen. Gemüse und Ravioli darauf anrichten.

Reisplätzchen und Getreidetörtchen mit kurzgebratenem Fleisch

◆◆◆

4	Portionen A-la-Minute Fleisch à 120 g
wenig	Öl zum Braten
	Meersalz
	Pfeffer aus der Mühle

Kürbis-Steinpilzsauce

100 ml/1 dl	Hühnerbrühe/-bouillon
50 ml/½ dl	Weißwein
40 g	Butter
20 g	Schalotten, fein gehackt
100 g	Kürbisfleisch
100 g	frische Steinpilze
	Meersalz
	Pfeffer aus der Mühle

Getreidetörtchen
für 4 Törtchen von 5 cm Durchmesser

80–100 g	Quarkteig (Rezept Seite 30)
100 g	Korn, mittelfein geschrotet (Grünkern, Hafer, Reis, Triticale, Weizen usw.)
200 ml/2 dl	Gemüsebrühe/-bouillon
1	Freilandei
4 EL	Sahne/Rahm
einige	Kerbelblättchen
40 g	Gemüsepaprika/Peperoni, klein gewürfelt
	Meersalz
	Pfeffer aus der Mühle
wenig	Muskatnuß, frisch gerieben
	Mohnsamen

Fortsetzung Seite 86, Abbildung nebenan

Plätzchen aus Wildem Reis
80 g	Wilder Reis
1	Lorbeerblatt
20 g	Butter
20 g	Schalotten, fein gehackt
20 g	Schnittlauch, fein geschnitten
1	Freilandei
4 EL	Sahne/Rahm

Getreidetörtchen: Schrot und Gemüsebrühe aufkochen. 20 bis 30 Minuten nachquellen lassen.

Gemüsepaprika über Dampf knackig kochen. Zusammen mit dem Eigelb, der Sahne und den Kerbelblättchen zum Schrot geben. Würzen.

Teig dünn ausrollen, Rondellen ausstechen und in die gebutterten Förmchen legen. Mit der Schrotmischung füllen (nicht bis zum Rand). Im vorgeheizten Ofen bei 200 °C 15 Minuten backen.

Plätzchen aus Wildem Reis: Reis waschen. In 200 ml/2 dl Wasser zusammen mit dem Lorbeerblatt 10 bis 15 Minuten köcheln lassen. Reis auf der ausgeschalteten Herdplatte zugedeckt 30 Minuten ausquellen lassen. Lorbeerblatt entfernen. Schalotten in der Butter dünsten. Mit den übrigen Zutaten mischen. Mit Salz und Pfeffer abschmecken. In wenig Butter kleine Plätzchen ausbacken.

Kürbis-Steinpilzsauce: Weißwein und Hühnerbrühe auf 4 Eßlöffel einköcheln lassen. Auf die Seite stellen. Geputzte Steinpilze und Kürbis in Würfelchen schneiden. Schalotten in der Butter glasig dünsten. Zuerst den Kürbis, dann die Steinpilze mitdünsten. Auf niedriger Stufe kurz garen. Ganz am Schluß die einreduzierte Hühnerbrühe dazugeben. Mit Salz und Pfeffer abschmecken.

Fleisch: Fleisch im Öl beidseitig kräftig anbraten. Mit Salz und Pfeffer würzen.

Anrichten: Mit der Sauce auf den vorgewärmten Tellern einen Spiegel machen. Fleisch auf der Sauce anrichten. Getreidetörtchen und Wildreis-Plätzchen dazugeben.

Tip: Bei den Getreidetörtchen reicht die doppelte Menge für ein Kuchenblech von 20/22 cm Durchmesser. Zusammen mit einem Saisonsalat und Gemüse erhält man eine ganze Mahlzeit für 4 Personen. Bei den Reisplätzchen braucht es für eine ganze Mahlzeit die 3fache Rezeptmenge (auch 1 Teil Wilder Reis/2 Teile Vollreis ist möglich).

Hirse-Quarkschnitten

◆◆◆

200 g	Goldhirse
1 EL	Olivenöl oder Bratbutter
½	Zwiebeln, fein gehackt
100 g	Porree/Lauch, in feine Streifen geschnitten
wenig	getrocknete Majoran- und Thymiankräuter
400 ml/4 dl	Gemüsebrühe/-bouillon
	Kräutermeersalz
½	Zitrone, abgeriebene Schale
2 EL	Bioquark
50 g	Reibkäse

◆◆◆

Zwiebeln und Porree im Olivenöl dünsten. Hirse und getrocknete Kräuter beigeben. Mit der Gemüsebrühe ablöschen. Aufkochen und 5 Minuten leicht köcheln lassen. Nicht umrühren. Auf der ausgeschalteten Herdplatte zugedeckt 30 Minuten ausquellen lassen. Die Hirse soll gut weich sein. Masse auskühlen lassen. Quark daruntermischen. Würzen.
Hirsemasse in eine gebutterte Auflaufform streichen. Mit dem Reibkäse bestreuen. Im Ofen bei 220 °C ca. 15 Minuten goldgelb backen. Mit Gemüse und Salat servieren.

Zucchini-Haferflocken-Pfannkuchen

80 g	feine Haferflocken
50–100 ml/ ½–1 dl	Gemüsebrühe/-bouillon, je nach Wassergehalt des Gemüses
300 g	Zucchini, gehobelt (im Winter Kürbis)
50 g	Reibkäse
1	Knoblauchzehe, fein gehackt
	Saisonkräuter, z. B. Thymian, Majoran, Petersilie
	Kräutermeersalz
2	Freilandeier
1 Prise	Rosenpaprika
1 Prise	Ingwer, gemahlen
1	Umdrehung Pfeffer aus der Mühle
1	Zitrone, abgeriebene Schale davon
1 EL	Sesamsamen
	Bratbutter oder Maiskeimöl zum Braten

◆◆◆

Haferflocken in der Gemüsebrühe einweichen. Zucchini, Reibkäse, Knoblauch, Kräuter, Gewürze und Eier dazugeben. Alles gut mischen. 20 Minuten quellen lassen. Vor dem Braten den Sesam darunterrühren.

In einer nicht klebenden Pfanne Pfannkuchen ausbacken (der Teig verläuft). Sollte die Masse zu dünn sein, mit feinem Haferschrot binden.

Tip: Pfannkuchen im Sommer mit einer kalten Joghurt-Kräutersauce und Salaten servieren. Die Pfannkuchen sollen aus der Pfanne auf den Tisch kommen, also sehr frisch serviert werden.

Quinoa-Pfannkuchen mit Pfifferlingen

◆◆◆

150 g	Quinoa
300 ml/3 dl	Wasser
50 g	Zwiebeln, fein gehackt
100 g	Pfifferlinge/Eierschwämme
1 Msp	Knoblauch, gepreßt
2	Freilandeier
1 EL	Petersilie, gehackt
30 g	Dinkel, fein gemahlen
	Meersalz, Pfeffer aus der Mühle
60 g	Butter

Safransauce

100 ml/1 dl	Geflügelbrühe/-bouillon
100 g/1 dl	Sahne/Rahm
einige	Safranfäden oder Safranpulver
30 g	Butter, kalt
	Meersalz

◆◆◆

Quinoa-Pfannkuchen: Quinoa, wenig Meersalz und Wasser aufkochen. Auf kleiner Stufe 10 bis 15 Minuten köcheln lassen. Quinoa auf der ausgeschalteten Herdplatte zugedeckt 15 Minuten nachquellen lassen.

Pfifferlinge putzen und kleinschneiden. In wenig Butter Zwiebeln, Pfifferlinge und Knoblauch dünsten. Eier verquirlen. Mit sämtlichen Zutaten mischen. Mit Salz und Pfeffer würzen. In einer nicht klebenden Pfanne einen Teil der Butter schmelzen. Teig portionenweise in die Pfanne geben. Bei mittlerer Temperatur kleine Pfannkuchen backen. Sorgfältig wenden. Auf der zweiten Seite backen. Warm stellen.

Safransauce: Geflügelbrühe, Sahne und Safran bei kleiner Temperatur um die Hälfte einreduzieren. Die kalte Butter stückchenweise unter die Sauce rühren. Mit Meersalz abschmecken.

Roggen-Gemüse-Eintopf

150 g	Roggen, grob geschrotet
300 ml/3 dl	Gemüsebrühe
500 g	Mischgemüse, z. B. Gemüsepaprika/Peperoni (rot, gelb, grün), Schalotten, Broccoli, Fenchel, junge Möhren/Karotten, grüner Spargel, Stangensellerie, Kohlrabi, Sellerie

Sauce

20 g	Kräuter, fein gehackt, z. B. Dill, Kerbel, Liebstöckel, Petersilie
1	Zwiebel, fein gehackt
250 g	Joghurt nature
3 EL	Kräuteressig
3 EL	Olivenöl
	Meersalz
	schwarzer Pfeffer aus der Mühle

◆◆◆

Roggenschrot mit der Gemüsebrühe unter Rühren aufkochen und 5 Minuten köcheln lassen. Auf der ausgeschalteten Herdplatte zugedeckt 30 bis 40 Minuten nachquellen lassen.

Gemüsepaprika, Möhren, Fenchel, Spargel, Stangensellerie, Knollensellerie, Kohlrabi, Schalotten in gefällige Formen schneiden. Zusammen mit den Broccoliröschen über Dampf knackig kochen. Auskühlen lassen. Schrot und Gemüse mit der angerührten Sauce gut mischen. Abschmekken mit Salz und Pfeffer.

Gefüllte Buchweizentörtchen

Rezept für 18 bis 20 Törtchen

◆◆◆

4	Eigelb
4	Eiweiß
120 g	Akazienhonig
2 EL	lauwarmes Wasser
1 Prise	Vollmeersalz
1 Msp	Vanillepulver
50 g	flüssige Butter
150 g	Buchweizen, sehr fein gemahlen
½ TL	Backpulver aus dem Reformhaus (speziell für Vollwertbackwaren)

Mögliche Füllungen
Mandelmus (pro Törtchen 1 TL),
mit wenig Honig gesüßt
Honig-Marmelade/-Konfitüre
biologischer Quark mit Früchten oder
Marmelade/Konfitüre gemischt
Schlagsahne/Schlagrahm mit frischen Früchten
und wenig Zitronensaft gemischt

Eigelb, Honig, Wasser, Salz und Vanillepulver im warmen Wasserbad schaumig rühren. Die Eigelbmasse soll einen Holzlöffel gut überziehen. Eiweiß zu Schnee schlagen. Buchweizenmehl mit dem Backpulver mischen. Eischnee und Mehl abwechslungsweise unter die Eigelbcreme heben. Törtchenmasse in Papier-Backförmchen füllen. Im Ofen bei 220 °C 10 bis 12 Minuten backen. In der Form auskühlen lassen.

Papier sorgfältig lösen. Törtchen mit einem scharfen Messer halbieren und füllen.

91

Marinierter Schafskäse

◆◆◆

| 4 | frische Schafskäse (50 g pro Stück) |
| | Bündner Früchtebrot (Rezept Seite 74) |

Marinade
50 g	Bienenhonig
40 g	Hirse, gekocht
20 g	Sesamkörner
1	Rosmarinzweig
	schwarzer Pfeffer aus der Mühle

◆◆◆

Marinade: Bienenhonig erwärmen. Hirse beigeben. Einige Rosmarinnadeln hacken und mit den Sesamkörnern ohne Fettstoff kurz rösten. Hirse dazugeben. Mit Pfeffer abschmecken.

Anrichten: Früchtebrot in dünne Tranchen und diese in Rechtecke (pro Käse zirka 15 Scheiben) von 15 auf 20 mm schneiden. Schafskäse beidseitig mit schwarzem Pfeffer sparsam würzen. Im Ofen bei niedriger Temperatur erwärmen. Käse auf Teller anrichten. Den Käserand mit den Brotscheiben belegen. Die Marinade noch warm über den Käse träufeln. Mit einigen Rosmarinnadeln garnieren.

Tip: Das Rezept eignet sich auch für andere Käsesorten. Gut dazu paßt zur Nachspeise ein Gläschen Süßwein. Ein wahrlich harmonischer Abschluß einer Mahlzeit!

Hirsekugeln auf Hagebuttensauce

für 4 Personen als Nachspeise oder kleines Abendessen

◆◆◆

Hirsekugeln

300 ml/3 dl	Milch
80 g	Hirse, sehr fein geschrotet (fast Mehl)
1 Prise	Meersalz
	Zimtpulver
1½ EL	Birnendicksaft nach Belieben
80–100 g	Mandeln, gemahlen und geröstet
½	Zitrone, abgeriebene Schale davon
50 g	Rosinen oder
50 g	Datteln, fein geschnitten
	Butter für die Form
1	Eigelb

Hagebuttensauce

100 g	Hagebutten-Marmelade
100 ml/1 dl	Apfelsaft
1 TL	Vollreismehl
wenig	Birnendicksaft oder abgeriebene Zitronenschale

Pfefferminzblätter für die Garnitur
Mandelstäbchen für die Garnitur

Hirsekugeln: Hirse und Milch samt Salz und Zimtpulver aufkochen. Solange auf kleiner Stufe köcheln lassen, bis die Masse bindet. Birnendicksaft, ¾ der Nüsse, abgeriebene Zitronenschale und Rosinen daruntermischen. Brei in einer Schüssel über Nacht auskühlen lassen. Mit einem kleinen Eisportionierer Kugeln oder mit einem Eßlöffel Klößchen abstechen. Kugeln/Klößchen mit Eigelb anstreichen und in den restlichen Nüssen drehen. In einer gebutterten Gratinform oder auf einem eingefetteten Blech bei 220 °C 15 bis 20 Minuten backen. Vor dem Servieren 5 bis 10 Minuten auskühlen lassen.

Hagebuttensauce: Hagebuttenmarmelade und Apfelsaft aufkochen. Vollreismehl mit wenig Wasser anrühren. Zur Sauce geben. Solange köcheln lassen, bis die Sauce bindet.

Anrichten: Mit der Hagebutten-Sauce einen Spiegel machen. Hirsekugeln darauf anrichten. Mit einem Pfefferminzblatt und den Mandelstäbchen garnieren.

Amaranth-Apfelcreme mit Beeren

für 4 bis 6 Personen

◆◆◆

100 g	Amaranth, mehlfein gemahlen (2mal durch die Mühle lassen)
600 ml/6 dl	Apfelsaft, trüb
je 1 Prise	Zimt und Meersalz
½	Zitrone, abgeriebene Schale davon
1–1½ EL	Birnendicksaft
125 g	Beeren, je nach Saison, z. B. Johannisbeeren, Erdbeeren, im Winter 1–2 EL Marmelade/ Konfitüre
200 g/2 dl	Sahne/Rahm
ein paar	Melissenblätter als Garnitur
einige	Pinienkerne als Garnitur

◆◆◆

Amaranthmehl zusammen mit dem Apfelsaft, dem Zimt und der Zitronenschale unter Rühren aufkochen. Solange köcheln lassen, bis die Masse bindet. In einer Schüssel mit einem Tuch zugedeckt auskühlen lassen. Mit Birnendicksaft süßen. Umrühren. Beeren je nach Sorte ganz lassen oder kleinschneiden. Sorgfältig mit der Getreidemasse mischen. Zum Schluß die geschlagene Sahne darunterziehen. In Glasschalen anrichten. Mit einem Melissenblatt und den Pinienkernen garnieren.

Safranbirne mit Amaranth-Gelee und Parfait von Birnendicksaft

◆◆◆

Safranbirne

4	schöne, kleine Birnen
½ l	Weißwein mit hohem Säuregehalt
100 g	Birnendicksaft
45 g	Ahornhonig
80	Safranfäden oder wenig Safranpulver
1	Vanilleschote, längs halbiert
1	Zimtstange
10	Kardamomsamen, ganz
½ l	Wasser
20 ml	Birnenschnaps

Amaranth-Gelee

2	reife Birnen
20 g	Amaranth, gepufft (aus dem Reformhaus)
250 ml/2½ dl	Süßwein/Sauternes
2½ Blatt	Gelatine
1 EL	Bienenhonig

Parfait von Birnendicksaft

170 g	Birnendicksaft
400 g/4 dl	Sahne/Rahm
30 g	Bienenhonig
3 Blatt	Gelatine
wenig	Williams oder Sahne/Rahm

Holundersauce

400 g	Holunderbeeren, sehr reif
280 g	Frucht-/Traubenzucker

◆◆◆

Fortsetzung Seite 98, Abbildung nebenan

Parfait von Birnendicksaft: Gelatine in kaltem Wasser kurz einlegen. Gut ausdrücken. Williams oder Sahne erwärmen. Gelatine darin auflösen. Birnendicksaft und Honig dazugeben. Sahne steifschlagen. Auf Eis (Wasser mit Eiswürfeln) nach und nach die Sahne unter den Birnendicksaft rühren. Sobald das Parfait festzuwerden beginnt, Masse in eine flache Schüssel von rund 1 Liter Inhalt geben. Im Tiefkühler mindestens 90 Minuten festwerden lassen.

Safranbirnen: Sämtliche Zutaten ohne Birnen in einem hohen Topf 10 Minuten köcheln lassen. Birnen schälen. Kerngehäuse von der Fliegenseite her ausstechen. Birnen im Zuckersirup bei kleiner Temperatur halb weich kochen. In der Flüssigkeit zugedeckt erkalten lassen.

Amaranth-Gelee: Birnen halbieren, Kerngehäuse ausstechen. Auf der Hautseite quer feine Lamellen schneiden (ganz durchschneiden). Birnenhälften in ihrer Form belassen. Birnen mit der Hautseite oben in eine rechteckige Schüssel legen, in der die Hälften nebeneinander Platz haben. Gelatine in kaltem Wasser einweichen. Gut ausdrücken. In wenig erwärmtem Süßwein zusammen mit dem Honig auflösen. Mit dem restlichen Süßwein und dem Amaranth verrühren. Flüssigkeit im kalten Wasserbad oder auf Eis solange rühren, bis die Masse zu gelieren beginnt. Gelee über die Birnen gießen. Im Kühlschrank festwerden lassen.

Holundersauce: Dolden waschen. Beeren ablesen. Im Mixer/Cutter pürieren. Über Nacht kühl stellen. Am nächsten Tag Holundermus durch ein Sieb streichen. Zusammen mit dem Zucker wenig einköcheln lassen. Sauce in ein Glas mit Schraubdeckel füllen und verschließen (für den Vorrat). Kühl und dunkel lagern.

Anrichten: Mit der Holundersauce auf den Tellern einen Spiegel machen. Safranbirne daraufsetzen. Von der Parfaitmasse mit einem in heißem Wasser getauchten Eßlöffel mit kreisförmigen Bewegungen Nocken abstechen. Auf die Sauce setzen. Beim Amaranth-Gelee den Rand sorgfältig mit einem

Messer lösen. Form kurz in heißes Wasser tauchen und stürzen. Wieder in die rechte Lage bringen. Gelee dem Birnenrand entlang portionieren und auf den Teller legen.

Tip: Die Holundersauce paßt auch ausgezeichnet zu Wildgerichten und eignet sich zum Bestreichen von Pfannkuchen/Omeletten.

Hirsecreme mit Früchten

für 4 bis 6 Personen

◆◆◆

600 ml/6 dl	Milch
100 g	Hirse, sehr fein gemahlen (im Reformhaus oder Bioladen mahlen lassen)
1 Prise	Vanillepulver
1 Prise	Vollmeersalz
50 g	Akazienhonig
250 g/2½ dl	Sahne/Rahm
200 g	Himbeeren

◆◆◆

Hirsemehl mit wenig Milch glattrühren. Zusammen mit der restlichen Milch, dem Salz und Vanillepulver unter Rühren aufkochen. Solange köcheln lassen, bis die Creme leicht eingedickt ist. In eine Schüssel geben. Unter die leicht ausgekühlte Masse den Honig rühren. Creme am besten über Nacht auskühlen lassen.

Anrichten: Creme mit dem Schneebesen oder Handmixer luftig aufschlagen. Geschlagene Sahne darunterheben. Himbeeren in Gläser verteilen. Hirsecreme mit dem Spritzsack in die Gläser geben. Mit wenig Sahne, Himbeeren und einem Melissenblatt garnieren.

Buchweizenauflauf auf Brombeersauce

für 8 Portionenförmchen oder 1 große Auflaufform

80 g	Buchweizen, grob geschrotet
500 ml/5 dl	Milch
1	Vanilleschote, aufgeschlitzt
1	unbehandelte Zitrone, abgeriebene Schale davon
40 g	Butter
30 g	Kartoffelstärke
3	Eigelb von Freilandeiern
4	Eiweiß von Freilandeiern
60 g	Traubenzucker
wenig	Butter und Vollrohrzucker für die Förmchen
einige	Beeren als Garnitur
	Pfefferminze oder Zitronenmelisse als Garnitur

Brombeersauce

300 g	Brombeeren oder andere Beeren, je nach Saison
1 EL	Traubenzucker
1 EL	Bienenhonig
einige	Tropfen Zitronensaft

Buchweizenauflauf: Buchweizenschrot, Milch, abgeriebene Zitronenschale und Vanilleschote auf kleiner Stufe 10 bis 15 Minuten köcheln lassen. Vanillemark auskratzen und zum Buchweizen geben. Kartoffelstärke in wenig Wasser auflösen. Zusammen mit der Butter zum Schrot geben. Solange köcheln lassen, bis die Flüssigkeit bindet. Pfanne von der Herdplatte nehmen. Eigelb darunterrühren. Masse erkalten lassen. Eiweiß zu Schnee schlagen. Bevor die Masse ganz steif ist, den Traubenzucker dazugeben. Eischnee unter die Buchweizenmasse heben. In eingebutterte, mit Vollrohrzucker bestreute Portionenförmchen oder in die große Form geben. Förmchen/Form im Wasserbad im vorgeheizten Ofen bei 180°C zugedeckt 30 Minuten pochieren.

Brombeersauce: Beeren pürieren und durch ein Spitzsieb streichen (die Steinchen stören in der Fruchtsauce). Fruchtpüree je nach Süße der Beeren nachsüßen und mit Zitronensaft abschmecken.

Varianten: Der Beerensauce 200 g/2 dl steifgeschlagene(n) Sahne/Rahm und 50 g gut gegarte Gerste oder Hirse unter Rühren beigeben. Das Getreide kann auch als Garnitur über die Brombeercreme gestreut werden. Auch ein hausgemachtes Eiscreme oder ein Halbgefrorenes (Parfait) paßt dazu.

Anrichten: Mit der Sauce auf jeden Teller einen Spiegel machen. Förmchenrand mit dem Messer gut lösen. Köpfchen auf die Sauce stürzen. Mit den frischen Beeren und den Kräutern garnieren.

Hafer-Energiekugeln

◆◆◆

150 g	Hafer, fein geschrotet
75–100 g	Akazienhonig
100 g	Mandeln, sehr fein gerieben
	Vanillepulver
1	Zitrone, abgeriebene Schale oder
15	Tropfen Zitronenessenz
	Kakaopulver oder Zimt zum Drehen der Kugeln

◆◆◆

Alle Zutaten von Hand zu einer geschmeidigen Masse kneten. Bei Bedarf etwas mehr Honig dazugeben. Aus der süßen Masse Kugeln formen. Nach Belieben in Zimtpulver oder geriebenen Nüssen oder Kakaopulver drehen.

Tip: In einer Blechdose können die Energiekugeln mehrere Wochen aufbewahrt werden. Besonders hübsch sieht das Gebäck in farbigem Pralinenpapier aus.

Gestürzter Rhabarberkuchen

für 8 Personen

500 g	Rhabarber, ungeschält
200 g	Traubenzucker
100 g	Butter
2	Freilandeier
120 g	Buchweizen, sehr fein gemahlen
150 ml/1½ dl	Milch
3 EL	Weinsteinbackpulver
100 g	Maisstärke
150 g	gekochter Bramata Mais
1	unbehandelte Zitrone, abgeriebene Schale davon

◆◆◆

Rhabarber waschen. In gleichmäßig lange Stücke schneiden (3 cm). Den Boden einer gut schließenden Springform mit Backpapier auslegen. Rand einfetten. Rhabarberstückchen in die Form stellen (Schnittstellen oben und unten). Mit der Hälfte Traubenzucker bestreuen. Restlichen Zucker mit der Butter und der Zitronenschale schaumig rühren. Die verquirlten Eier dazugeben. Glattrühren. Mehl, Maisstärke und Backpulver mischen. Abwechslungsweise mit der Milch und dem Mais zur Masse rühren. Teig auf den Früchten verteilen.

Kuchen im vorgeheizten Ofen bei 200 °C auf der zweituntersten Rille 40 bis 50 Minuten backen. 10 Minuten auskühlen lassen. Rand vorsichtig mit dem Messer lösen. Rhabarberkuchen stürzen und das Backpapier entfernen.

Schokoladengugelhupf

◆◆◆

4	Freilandeier
120 g	Butter
100 g	Vollrohrzucker
120 g	dunkle Schokolade
200 g	Dinkel, fein gemahlen
125 ml/1¼ dl	Buttermilch
1 Beutel	Weinsteinbackpulver

◆◆◆

Eier trennen. Eiweiß steifschlagen und kühl stellen. Butter und Vollrohrzucker schaumig rühren. Nach und nach das Eigelb dazugeben. Schokolade im Wasserbad schmelzen. Zum Teig geben. Buttermilch und die Hälfte des Dinkelmehls sowie das Bachpulver unter den Teig rühren. Zum Abschluß Eischnee und restliches Mehl sorgfältig unter den Teig heben. Teig in eine gebutterte, mit Mehl bestäubte Form füllen. Bei 180 °C 50 Minuten backen.

Spritzgebäck

◆◆◆

200 g	Butter
100 g	Vollrohrzucker, fein gemahlen, oder
100 g	Honig
1	Eigelb von einem Freilandei
300 g	Dinkel, fein gemahlen, Kleie ausgesiebt
1 Prise	Salz
½	unbehandelte Zitrone, Saft davon

◆◆◆

Butter, Zucker und Eigelb schaumig rühren. Zitronensaft und Mehl darunterrühren. Teig in einen Spritzsack füllen. Auf ein mit Backpapier belegtes Blech beliebige Formen spritzen. Spritzgebäck bei 180 °C 10 bis 15 Minuten backen.

Gefüllte Aprikose im Piroggenteig

◆◆◆

Teig

150 g	Weizen, fein gemahlen, Kleie ausgesiebt
40 g	Butter
1	Freilandei
65 g	Crème fraîche/Doppelrahm
	Reismehl oder anderes Mehl zum Ausrollen

Gefüllte Aprikosen

4	sehr große oder 8 kleinere Aprikosen
30 g	Pistazien, gehackt
30 g	Walnüsse/Baumnüsse, gehackt
30 g	Pinienkerne, gehackt
50 g	Haselnüsse, gerieben
1 EL	Sahne/Rahm
2 EL	Aprikosenlikör
1	Freilandei
1	Eigelb von einem Freilandei

Aprikosenkompott

2	große Aprikosen, sehr klein gewürfelt
2 EL	Bienenhonig
einige	Pfefferminzblätter, in feine Streifen geschnitten

Teig: Alle Zutaten zu einem Teig zusammenfügen. Eine Kugel formen. In Klarsichtfolie eingepackt 2 Stunden kalt stellen.

Gefüllte Aprikosen: Für die Füllung sämtliche Zutaten zu einer festen Masse zusammenfügen. Aprikosen halbieren und entsteinen. Vertiefungen mit der Nußmasse füllen. Kühl stellen.

Fortsetzung Seite 106, Abbildung nebenan

Aprikose im Teigmantel: Den Teig dünn ausrollen und entsprechend der Größe der Früchte in Quadrate schneiden. Aprikosenhälften zusammensetzen und in den Teig packen. Mit Teigresten verzieren. Mit Eigelb anstreichen. Auf einem mit Backpapier belegtem Blech im vorgeheizten Ofen bei 220°C rund 10 Minuten backen.

Aprikosenkompott: Honig erwärmen. Mit den Aprikosenwürfelchen und den Pfefferminzstreifen mischen.

Anrichten: Aprikosen im Teig vorsichtig anschneiden (siehe Bild). Zusammen mit dem Aprikosenkompott auf Teller anrichten.

Birnenkuchen mit Gerste

für 1 Springform von 24 cm Durchmesser

◆◆◆

150 g	Gerste, gekocht
5	Freilandeier
350 g/3½ dl	Sahne/Rahm
150 ml/1½ dl	Milch
175 g	Akazienhonig
100 g	Dinkel, fein gemahlen, Kleie ausgesiebt
6–8	große, reife Birnen

◆◆◆

Eier, Sahne, Milch und Honig verquirlen. Mehl darunterrühren. Birnen schälen, halbieren, Kerngehäuse entfernen. Längs in Scheiben schneiden. Gut schließende Springform einbuttern und mit Mehl bestäuben. Gerste auf den Boden verteilen. Birnenscheiben kreisförmig in die Form legen. Guß darübergießen. Im vorgeheizten Ofen bei 220°C rund 1 Stunde backen. 10 Minuten auskühlen lassen. Kuchen sorgfältig mit dem Messer lösen. Ring entfernen.

Gefüllte Apfelsterne

Teig

250 g	Dinkel, fein gemahlen, Kleie ausgesiebt
130 g	Butter
80 g	Vollrohrzucker
100 g	Haselnüsse, gemahlen
2	Eigelb von Freilandeiern
1 Prise	Salz
2–3 EL	Buttermilch

Füllung

100 g	Butter, Zimmertemperatur
200 g	Vollrohrzucker
100 g	geröstete Haselnüsse, gemahlen
2	Eigelb von Freilandeiern
3 EL	geriebene Äpfel samt Schale

Eigelb zum Anstreichen

◆◆◆

Vollrohrzucker: Für dieses Rezept muß der Zucker sehr fein sein. Am besten mahlt man den Zucker im Cutter oder Mixerglas.

Teigsterne: Butter und Mehl krümelig reiben. Restliche Zutaten dazugeben und zu einem glatten Teig verarbeiten. Mindestens 15 Minuten kühl stellen. Für die Füllung sämtliche Zutaten verrühren. Teig 2 mm dick ausrollen. Nicht zu kleine Sterne ausstechen. Auf die Hälfte der Sterne etwas Füllung in die Mitte geben. Zweiten Stern daraufsetzen. Gut andrücken. Mit Eigelb anstreichen. Apfelsterne im vorgeheizten Ofen bei 180 °C 10 bis 15 Minuten backen.

Wacholder-Brot

◆◆◆

für 1 Brot

175 g	Weizen, fein gemahlen
100 g	Weizen, fein geschrotet
75 g	Roggen, fein gemahlen
1 Würfel	Frischhefe
10 g	Salz
1	Freilandei
1–2 TL	getrocknete Wacholderbeeren, zerstossen
1 Prise	Safranpulver
	Milch für den Teig, Mehl zum Ausrollen

◆◆◆

Hefe in wenig Milch auflösen. Sämtliche Zutaten, bis auf die Milch, von Hand mischen. Soviel Milch einkneten, daß ein geschmeidiger Teig entsteht. Teig zugedeckt an einem warmen Ort 30 Minuten ruhen lassen. Auf bemehlter Arbeitsfläche nochmals gut durchkneten. Einen Laib oder kleine Brötchen formen und diese auf ein mit Backpapier belegtes Blech legen. Backgut im vorgeheizten Ofen bei etwa 50 °C 10 Minuten gehen lassen, danach bei 200 bis 220 °C 35 Minuten backen. Die Brotkruste soll goldbraun sein. Brötchen ab und zu mit Wasser einstreichen (ergibt eine schönere Kruste).

Schokoladengebäck

◆◆◆

180 g	Butter
60 g	Akazienhonig
2	Eigelb von Freilandeiern
120 g	dunkle Schokolade
230 g	Dinkel, fein gemahlen, Kleie ausgesiebt
50 g	dunkle Schokolade für die Garnitur
	Pistazienkerne als Garnitur

Butter und Honig schaumig rühren. Eigelb dazugeben. Die Schokolade im Wasserbad schmelzen. Abwechslungsweise mit dem Mehl unter die schaumige Masse rühren. Teig in einen Spritzsack füllen. Auf ein mit Backpapier belegtes Blech beliebige Formen spritzen. Schokoladengebäck bei 180 °C rund 10 Minuten backen. Auskühlen lassen.

Schokolade für die Garnitur mit einem Eßlöffel Wasser im Wasserbad schmelzen. Ausgekühltes Gebäck zur Hälfte in die Schokolade tauchen. Mit gehackten Pistazienkernen bestreuen. Auf einem Backpapier trocknen lassen.

Haferplätzchen

◆◆◆

200 g	Haferflocken, fein oder
200 g	Hafer, fein geschrotet
300 ml/3 dl	Buttermilch
180 g	Butter
100 g	Vollrohrzucker, fein gemahlen oder
5 EL	Honig
1	unbehandelte Orange, Saft davon
250 g	Weizenvollkornmehl, fein gemahlen
1 TL	Weinsteinbackpulver
1–2	Eigelb zum Bestreichen

◆◆◆

Haferflocken in der Buttermilch 30 Minuten quellen lassen (Haferschrot 60 Minuten). Butter, Zucker und Orangensaft schaumig rühren. Buttermilch-Hafermischung beigeben. Mehl und Backpulver mischen und darunterrühren. Zu einem gleichmäßigen Teig verarbeiten. Mindestens 30 Minuten ruhen lassen. Teig zwischen 2 Klarsichtfolien ausrollen. Kleine Plätzchen schneiden. Mit Eigelb anstreichen und im vorgeheizten Ofen bei 150 °C 15 bis 20 Minuten backen.

Amaranth-Kuchen mit Heidelbeereis

◆◆◆

Amaranthkuchen

70 g	Butter, weich
130 g	Bienenhonig
2	Freilandeier
1	unbehandelte Zitrone, abgeriebene Schale davon
125 g	Amaranth, gepufft (aus dem Reformhaus)
125 g	Dinkel, sehr fein gemahlen
1 Prise	Meersalz
2 TL	Weinsteinbackpulver
	Mark von einer Vanilleschote
150 ml/1½ dl	Milch
60 g	Mandeln, gehackt
wenig	Butter und Mehl für die Form

Heidelbeereis

250 g	Heidelbeeren oder Blaubeeren
100 g	Honig (Bienen- oder Akazienhonig)
1 Msp	Zimtpulver
5	Eigelb von Freilandeiern
300 g	Joghurt nature
200–300 g/ 2–3 dl	Sahne/Rahm

Heidelbeersauce

250 g	Heidelbeeren oder Blaubeeren
30 g	Honig (Bienen- oder Akazienhonig)
100 ml/1 dl	Rotwein
1 Msp	Zimtpulver
	Heidelbeerschnaps nach Belieben

◆◆◆

Amaranth-Kuchen: Butter und Honig schaumig rühren. Eier, Vanillemark und Zitronenschale dazurühren. Gepufften Amaranth, Mehl, Salz und Backpulver mischen. Abwechslungsweise mit der Milch unter Rühren zur Eimasse geben. Am Schluß die gehackten Mandeln beifügen. Den Teig in eine gebutterte, bemehlte Cakeform füllen. Im vorgeheizten Ofen bei 200 °C 45 bis 50 Minuten backen.

Heidelbeerpüree: Heidelbeeren waschen und mit einer Gabel leicht zerdrücken. Honig, Rotwein und Zimt mit den Beeren mischen. Kalt stellen.

Heidelbeereis: Heidelbeeren pürieren und durch ein Sieb streichen. Eigelb, Honig und 1 EL warmes Wasser solange mit der Holzkelle rühren, bis die dickflüssige Masse die Kelle gut überzieht. Joghurt und Heidelbeerpüree unter die Creme rühren. Sahne halb steif schlagen. Unter die Creme ziehen. In der Eismaschine oder im Tiefkühler gefrieren lassen.

Anrichten: Amaranthkuchen aufschneiden und auf Teller legen. Mit dem gekühlten Heidelbeerkompott einen Spiegel machen. Mit dem Eisportionierer Kugeln abstechen und auf das Kompott anrichten. Bei Portionenförmchen Rand mit dem Messer lösen. Förmchen kurz in heißes Wasser tauchen. Eisköpfchen auf das Kompott stürzen.

Tip: In Folie eingewickelt hält sich der Amaranthkuchen mindestens 1 Woche. Er schmeckt sogar besser, wenn er erst nach einigen Tagen gegessen wird. – Wer keine Eismaschine hat, gefriert die Creme am besten in Portionenförmchen (kurze Gefrierzeit). Vor dem Servieren rund 15 Minuten im Kühlschrank antauen lassen. Das Eis wird nicht nur weicher, sondern auch besser im Geschmack.

Erdbeerterrine im Reismantel mit Hirseschaum und gepufftem grünem Reis

für 6 bis 8 Personen
für 1 Terrineform von 1 Liter Inhalt

◆◆◆

Reismantel

130 g	Basmati Vollreis, gekocht
200 ml/2 dl	biologischer weißer Traubensaft
3 Blatt	Gelatine

Erdbeerfüllung

250 g	reife Erdbeeren, klein geschnitten
150 ml/1½ dl	biologischer roter Traubensaft
80 g	Akazienhonig
3 Blatt	Gelatine

Hirseschaum

50 g	Goldhirse, gekocht
200 g/2 dl	Sahne/Rahm
30 g	Akazienhonig

1	Handvoll grüner Reis
	Zitronenmelisse oder Pfefferminze als Garnitur

◆◆◆

Reismantel: Gelatine für einige Minuten in kaltem Wasser einweichen. Gut ausdrücken. Wenig weißen Traubensaft (50 ml/½ dl) erwärmen. Gelatine darin auflösen. Reis und restlichen Traubensaft dazugeben. Herstellung des Reismantels: Schritt-für-Schritt-Anleitung siehe Rezept Terrine in grünem Mantel Seite 27.

Fortsetzung Seite 114, Abbildung nebenan

Erdbeerfüllung: Gelatine für einige Minuten in kaltem Wasser einweichen. Gut ausdrücken. Wenig roten Traubensaft (50 ml/½ dl) erwärmen. Gelatine darin auflösen. Restlichen Traubensaft und Honig mit der Gelatine verrühren. Auf Eis oder im Eiswasser unter ständigem Rühren erkalten lassen. Erdbeeren möglichst dicht in die vorbereitete Form schichten. Flüssigkeit darübergießen. Im Kühlschrank festwerden lassen.

Terrinedeckel: Siehe Terrinemantel. Terrine mindestens 1 Stunde oder länger in den Kühlschrank stellen.

Hirsesauce: Die Hirse mit dem Akazienhonig süßen. Steifgeschlagene Sahne darunterziehen. In den Kühlschrank stellen.

Gepuffter Reis: Reiskörner in einer hohen, nicht klebenden Pfanne auf hoher Stufe platzen lassen (wie Maiskörner für Popcorn).

Anrichten: Terrinenrand sorgfältig mit dem Messer lösen. Form kurz in heißes Wasser tauchen und stürzen. Mit einem scharfen Messer (nach jedem Schnitt in heißes Wasser tauchen) Tranchen schneiden. Mit dem Hirseschaum auf den Tellern einen Spiegel machen. Erdbeerterrine darauf anrichten. Gepufften Reis als Garnitur verwenden.

Tip: Der Hirseschaum schmeckt zu allen Früchten und Fruchtdesserts.

Süßer Strudel

Teig

300 g	Dinkel, fein gemahlen, Kleie ausgesiebt
½ TL	Meersalz
2 EL	Sonnenblumenöl
150 ml/1½ dl	lauwarmes Wasser

Füllung

1 kg	Äpfel
2 EL	Vollrohrzucker
100 g	Rosinen
wenig	Zimt
6 EL	geriebene Haselnüsse

◆◆◆

Teig: Mehl und Salz mischen. Sonnenblumenöl und Wasser beigeben. Zu einem geschmeidigen Teig zusammenfügen. 1 Stunde in Klarsichtfolie eingepackt an einem warmen Ort ruhen lassen. Dieser Teig wird elastisch und geschmeidig und läßt sich sehr dünn ausrollen, also ideal für Früchtestrudel.

Füllung: Äpfel schälen, vierteln, entkernen, sehr dünn scheibeln. Mit den restlichen Zutaten mischen.

Strudel: 2 Strudel herstellen. Arbeitsschritte siehe pikanter Strudel Seite 38.

Tip: Der Strudel kann warm wie kalt serviert werden. Sehr gut dazu paßt eine Vanillesauce.

Beeren-Potpourri mit Amaranth

250 ml/2½ dl	Apfelsaft
100 g	Amaranth, geschrotet
1	unbehandelte Zitrone, abgeriebene Schale davon
1	Zimtstange
60 g	Akazienhonig
500 g	frische Beeren (Walderdbeeren, Heidelbeeren, Himbeeren, Brombeeren, schwarze und rote Johannisbeeren, Preiselbeeren, Sanddorn usw.)
150 g/1½ dl	Sahne/Rahm
30 g	Pistazienkerne, gehackt, als Garnitur

◆◆◆

Amaranth, Apfelsaft, abgeriebene Zitronenschale und Zimtstange aufkochen. Auf kleiner Stufe 20 bis 25 Minuten köcheln lassen. Auf der ausgeschalteten Herdplatte zugedeckt nachquellen lassen. Zimtstange entfernen. Den Honig darunterrühren. Auskühlen lassen. Beeren mit dem Amaranth mischen. In Portionenschalen füllen. Mindestens 2 Stunden in den Kühlschrank stellen.

Anrichten: Steifgeschlagene Sahne und Pistazien als Garnitur verwenden.

Vinaigrette mit Triticale

für 600 ml/6 dl (für den Vorrat)

◆◆◆

100 g	Triticale, gekocht
100 ml/1 dl	Sherryessig
250 ml/2½ dl	kaltgepreßtes Olivenöl
100 ml/1 dl	Wasser
1½ EL	Akazienhonig
100 ml/1 dl	kaltgepreßtes Distelöl
	Meersalz
	schwarzer Pfeffer aus der Mühle

◆◆◆

Die Zutaten gut verquirlen. Nach Belieben würzen. Sauce in einer Flasche mit Verschluß im Kühlschrank aufbewahren. Vor jedem Gebrauch kräftig schütteln.

Sesam-Vinaigrette

◆◆◆

2 EL	Kräuteressig
5 EL	kaltgepreßtes Sesamöl
2 EL	Sesamkörner
10 g	Butter
1 EL	Hühnerbrühe/-bouillon
	Meersalz
	Pfeffer aus der Mühle

◆◆◆

Sesamkörner in der Butter kurz rösten. Alle Zutaten verrühren. Diese Sauce eignet sich besonders gut zu allen kräftigen Blattsalaten und Wildkräutern wie Ruccola, Löwenzahn, Eichblatt, Kresse, Sauerampfer, Brennessel usw.

Vinaigrette mit Rotweinessig

1 EL	Rotweinessig
2 EL	kaltgepreßtes Erdnußöl oder Walnuß-/ Baumnußöl
1 EL	kräftige Hühnerbrühe/-bouillon
wenig	Schalotten, fein gehackt
wenig	Petersilie, fein gehackt
	Meersalz
	Pfeffer aus der Mühle
½	Knoblauchzehe, gepreßt
einige	Tropfen Zitronensaft

Alle Zutaten sämig rühren. Nach Belieben gehackte frische Kräuter dazugeben. Die Sauce paßt zu Rohkostsalaten, italienischem Blattsalat mit Tomaten und Gemüsepaprika/ Peperoni.

Möhrendressing

30 ml	Möhren-/Karottensaft, unvergoren
2 EL	Balsamicoessig
2 EL	kaltgepreßtes Distelöl
wenig	Kreuzkümmel
	Meersalz
	schwarzer Pfeffer aus der Mühle
einige	Tropfen Zitronensaft
1 TL	Traubenzucker

Zutaten verrühren. Diese Sauce paßt zu Rohkostsalaten und Gemüseterrinen.

Süße Salatsauce
mit Weizenkeimlingen

◆◆◆

1	Eigelb von einem Freilandei
30 ml	Sauternes oder ein anderer Süßwein
100 g/1 dl	Sahne/Rahm
1 Msp	milder Curry
einige	Tropfen Zitronensaft
	Koriander aus der Mühle
10 g	gehackte Weizenkeimlinge

◆◆◆

Alle Zutaten, außer den Weizenkeimlingen, im Mixerglas zu einer sämigen Sauce pürieren. Weizenkeimlinge dazugeben. Diese Sauce paßt zu Salaten, Geflügelgerichten, Krustentieren, Avocados.

Sauerrahmsauce mit Amaranth

◆◆◆

150 g	saure Sahne/Sauerrahm
2 EL	Sesamöl
1 EL	milder Senf
1 Bund	Schnittlauch, fein geschnitten
1 TL	Zitronensaft
2 EL	Amaranth, gepufft (aus dem Reformhaus)
	Meersalz
	weißer Pfeffer

◆◆◆

Alle Zutaten gut verrühren. Diese Sauce paßt ausgezeichnet zu einem Gemüseteller oder zu Pellkartoffeln/«Gschwellti».

119

Goldhirse-Sauce

1 EL	Zitronensaft
2 EL	kaltgepreßtes Olivenöl
2–3 EL	Hühnerbrühe/-bouillon
3–4 EL	Crème fraîche/Doppelrahm
2 EL	Bioquark
20 g	gekochte Goldhirse
20 g	Gemüsewürfelchen (Möhren/Karotten, Knollensellerie, Staudensellerie)
wenig	Meerrettich, frisch gerieben
1 Msp	sehr scharfer Senf/Dijonsenf
	Meersalz
	weißer Pfeffer

◆◆◆

Alle Zutaten zu einer sämigen Sauce rühren. Gemüsewürfelchen am Schluß dazugeben. Diese Sauce paßt gut zu kaltem Fisch.

Kochhilfe

◆◆◆

Ausmahlungsgrad: Wenn man aus 100 g Körnern 70 g Mehl gewinnt, ist der Ausmahlungsgrad 70%. Entfernt worden sind in diesem Fall ein großer Teil der Randschicht und der Keimling. Vollkornmehl hat im Vergleich einen Ausmahlungsgrad von fast 100%.

Ballaststoffe: Vollkornprodukte, Früchte und Gemüse haben einen großen Anteil an unverdaulichen Pflanzenbestandteilen (Fasern). Ballaststoffe sind wichtig für eine gute Verdauung und Darmtätigkeit. Zu wenig Faserstoffe sind häufig die Ursache von Stoffwechsel- und Verdauungsstörungen.

Birnendicksaft: Aus Birnen gewonnener Saft, der ohne Zusatz von Zucker eingedickt wird. Er enthält den fruchteigenen Zucker der reifen Frucht.

Bratbutter: Durch starkes Erhitzen werden der Butter Wasser und Milchbestandteile entzogen. Das reine Milchfett wird als Bratbutter, geklärte Butter, Butterschmalz verkauft. Die Bratbutter kann ohne Aromaverlust (im Gegensatz zu normaler Butter) hoch erhitzt werden.

Butter: In den Rezepten wurde eine sogenannte Landbutter oder Frischbutter aus unpasteurisierter Bio-Sahne/ unpasteurisiertem Bio-Rahm verwendet (erhältlich im Reformhaus, Bioladen).

Buttermilch: Bei der Herstellung von Butter fällt als Nebenprodukt die Buttermilch an. Durch das Schlagen der Sahne trennt sich das Milchfett (Butter) von der Flüssigkeit (Buttermilch). Die Buttermilch enthält nur noch gerade 1% Fett. Sie ist reich an Vitaminen, Eiweiß, Kalzium und Lecithin.

Darren: Für Getreidegerichte aus dem ganzen Korn (besonders geeignet sind Roggen, Weizen, Dinkel) können die Körner zuvor gedarrt werden: Körner waschen, auf einem Backblech bei niedriger Temperatur im Backofen trocknen lassen. Blech ab und zu bewegen, damit die Körner gleichmässig trocknen können. Das Darren dauert 30 bis 50 Minuten. Durch diesen Prozeß wird das Getreide sehr schmackhaft und durch die Umwandlung eines Teils der Stärke in Zucker leicht süßlich. Gedarrtes Getreide ist gut verdaulich.

Flocken-/Körnerquetsche: Erhältlich in Reformhäusern und Bioläden.

Frischkornmüesli: (für 1 Person) 4 EL Haferflocken (frisch gequetscht), 8 EL Wasser, 4 EL Sahne/Rahm, wenig Zitronensaft, wenig Honig nach Belieben, 1 Apfel, 2 bis 3 EL geriebene oder gehackte Nüsse, wenig Schlagsahne/Schlagrahm. – Haferflocken im Wasser 30 Minuten quellen lassen. Sahne und Zitronensaft dazugeben. Apfel waschen, samt Schale in die Flocken reiben. Sofort mischen. Nüsse darüberstreuen. Mit der Schlagsahne garnieren.

Getreideflocken: Am wertvollsten sind unbehandelte Flocken aus dem vollen Korn (inklusive Keimling und Randschicht). Gekaufte Flocken erfüllen diese Kriterien nur zum Teil. Wer sich täglich sein Müesli (Rezept siehe «Frischkornmüesli») macht, sollte das Getreide selber quetschen.

Grahammehl: Vollkornmehl.

Graumehl/Ruchmehl: Auszugsmehl. Der wertvolle Keimling und ein Teil Weißmehl wurde entfernt.

Kleie: Äußere ballaststoffreiche Randschicht beim Getreide. Für feine Backwaren wird die Kleie häufig ausgesiebt. Sie kann für einen Brotteig, für Aufläufe, Brei, Suppen usw. verwertet werden.

Keimlinge und Sprossen: Gut verdaulich. Reich an Inhaltsstoffen und hochwertigem pflanzlichem Eiweiß. Zum Keimen eignen sich vom Getreide Weizen, Roggen, Nackthafer, Nacktgerste, Buchweizen, von den Hülsenfrüchten Linsen, Kichererbsen, Mungobohnen (Sojabohnen), von den Samen Alfalfa (Lucerne), Senf, Kresse, Sesam, Leinsamen, Rettich. Wichtig: kein Saatgut verwenden, da dieses mit Fungiziden behandelt ist.

Keimlinge und Sprossen ziehen 1. Tag: Körner unter fließendem Wasser gründlich reinigen. Für einige Stunden in reichlich Wasser einlegen. Wasser abgießen. Körner in ein flaches, möglichst großes Gefäß legen (die Körner sollen nebeneinander, nicht übereinander liegen). Schale mit einem feuchten Tüchlein (Baumwolle oder Leinen) decken. Bei Zimmertemperatur treiben/keimen lassen.

2. Tag: Körner, die größtenteils schon kleine Triebe/ Keime haben, in einem Sieb mit kaltem Wasser abspülen. In das Geschirr zurückgeben, wieder flach auslegen und mit dem feuchten Tüchlein decken.

3. Tag: Die nun schon recht großen Sprossen mit kaltem Wasser besprühen. Das feuchte Tüchlein so über das Gefäß legen, daß es die Sprossen/Keimlinge nicht berührt. Am Abend des dritten Tages ist ein großer Teil der Sprossen groß genug (1,5 bis 3 cm) und kann gegessen werden.

4. Tag (bei Bedarf): siehe 3. Tag.

Wichtig: Sprossen/Keimlinge immer frisch verzehren.

Körner (Getreide) lagern: In der Originalverpackung, in Vorratsgläsern oder Stoffsäcken. Das ganze Korn kann problemlos während Monaten gelagert werden.

Kräutermeersalz: Mischung aus Meersalz, Gewürzen und getrockneten Kräutern. Siehe auch «Meersalz».

Légumette: Zum Herstellen von Gemüsespaghetti, Gemüsespiralen und Streifen. Geeignet sind Knollensellerie, Möhren/Karotten, Fenchel, Kartoffeln, Rettich usw.) Bezug CH: Handipress, Bonnstrasse 22/C1, 3186 Düdingen.

Meersalz: Aus dem Meer gewonnen. Reich an Magnesium. Echtes Vollmeersalz ist eher grau als weiß und leicht klumpend. Ein paar Reiskörner verhindern das Feuchtwerden.

Mühle (Haushaltmühle): Geeignet zum Mahlen sämtlicher Getreidekörner. Stufen sehr fein bis grob (Schrot). Weitere Informationen Seiten 150/151.

Öl, kaltgepreßt: Für Frischkost (Salate) nur kaltgepreßtes Öl (keine raffinierten Öle) verwenden. Deklaration auf dem Gebinde beachten. Kaltgepreßtes Öl hat einen hohen Gehalt an lebenswichtigen ungesättigen Fettsäuren.

Poppen/Puffen (Gemüse- oder Zuckermais, Amaranth): Körner/Samen ohne Fettzusatz in einer hitzebeständigen Pfanne (Gußeisenpfanne) unter ständigem Bewegen platzen lassen.

Quark (Bioquark = Vollmilchquark): Hergestellt aus unpasteurisierter Bio-Milch. Er unterscheidet sich vom handelsüblichen Quark (Magerquark, Speisequark, Sahne-/

Rahmquark) in Konsistenz (fester) und Geschmack (mehr natürlicher Geschmack).

Schrot: Wird aus dem ganzen Korn hergestellt. Haushaltmühle auf gröbste Stufe einstellen.

Vollkornsemmelbrösel/Vollkornpaniermehl: Trockenes Vollkornbort fein mahlen. In einem gut schließenden Glas lange haltbar. Auch erhältlich in Bäckereien mit einem Vollkornbrot-Sortiment.

Mehltypen (im Handel): Die Zahl steht für die Anzahl mg Mineralstoffe in 100 g Mehl. Je höher der Ausmahlungsgrad (Vollkornmehl), desto höher der Mineralstoffgehalt.

Weißmehl Deutschland Typ 405, CH Typ 400; Weißmehl Typ 550; Halbweißmehl CH Typ 720; Ruchmehl/Graumehl Typ 1200; Vollkornmehl Typ 1900.

Sojasauce: Hergestellt aus fermentierten Sojabohnen, Weizen oder Gerste, Salz und oft mit Zusatz von Hefe. Erhältlich sind helle salzige und dunkle süßliche Saucen.

Ruchmehl: Siehe Graumehl.

Vollkornmehl: Mehl aus dem vollen Korn (inklusive Keimling).

Vollkornmehl lagern: Nur beschränkt lagerfähig. Nur wenn das Getreide frisch gemahlen wird, hat man die Gewähr, daß alle lebenswichtigen Vitamine, Spurenelemente und essentiellen Fettsäuren voll erhalten bleiben. Gleich wie ein frisch geriebener Apfel bräunlich oxidiert, so leiden die gesundheitlich wertvollsten Inhaltsstoffe des Getreides nach dem Mahlen unter der Einwirkung von Sauerstoff, Licht und Wärme.

Amaranth

◆◆◆

Herkunft/Geschichte: Amaranth ist eine getreideähnliche Pflanze, die in Zentral- und Südamerika beheimatet ist. Von Höhlenfunden in Mexiko wissen wir, daß Amaranth zur ältesten von Menschen kultivierten Pflanze überhaupt gehört. Botanisch zählt er zur Familie der Fuchsschwanzgewächse und nicht zu den Getreidearten, obwohl die Pflanze zahlreiche gehaltvolle Körner liefert.

Botanik/Anbau: In vielen tropischen Klimaregionen wird Amaranth als Blattgemüse (wie Spinat) und Körnerfrucht angebaut. Es gibt zahlreiche kultivierte und wilde Arten. Die meisten Amarantharten können im Sommer nur dann Blüten bilden, wenn der Tag eine bestimmte Länge nicht überschreitet. Diese Voraussetzung wird immer weniger erfüllt, je weiter das Anbaugebiet vom Äquator entfernt ist. Anbaugebiete sind je nach Sorte Zentral- und Südamerika, aber auch die USA, Afrika und große Teile des Mittleren und Fernen Ostens.

Samen: Aus den vielen kleinen Blüten, bestehend aus rund 200 weiblichen und einer männlichen Blüte, entwickeln

125

sich nach der Befruchtung einsamige Früchte. Die linsenförmigen Samen haben einen Durchmesser von 1 bis 1,5 mm. 1000 Körner wiegen 0,5 bis 1 Gramm. Die Samenfarbe variiert von milchig-weiß über gelb, gold, rot, braun, bis hin zu schwarz.

Gesundheit: Hoher Gehalt an Eiweiß, Fett, Rohfasern und Mineralstoffen. Ein Vergleich mit Weizen, Mais, Reis und Hafer zeigt, daß Amaranth den höchsten Gehalt an Eiweiß, insbesondere an der Aminosäure Lysin, an Fett und Ballaststoffen hat. Bezüglich den Mineralstoffen Calcium, Eisen und Magnesium übertrifft Amaranth die untersuchten Getreidearten um ein Vielfaches. Amaranth ist glutenfrei, somit auch für Glutenallergiker (Zöliakie-Erkrankung) geeignet.

Produkte: Ganze Samen, Mehl, Flocken, Schrot.

Verwendung in der Küche: Ganze Samen wie Reis kochen, pikant oder süß anrichten (als Beilage, für Salate, für Pfannkuchen/Omeletten, zum Füllen von Gemüse); Amaranth wie Mais puffen; für Keimlinge; Mehl für Brot und Backwaren (soll das Gebäck aufgehen, muß Amaranth mit einem kleberhaltigen Mehl wie Dinkel gemischt werden, da er keinen Kleber enthält, für flaches Gebäck wie Pfannkuchen/Omeletten braucht es kein anderes Mehl); Flocken wie andere Getreideflocken verwenden (Müesli, Suppen usw.). Wichtig: Amaranthmehl, -flocken und -schrot immer sehr frisch verarbeiten. Ähnlich wie der Hafer enthält Amaranth einen hohen Anteil an ungesättigten Fettsäuren, die bei Lagerung oxidieren.

Garzeit: Trockener Samen 20 bis 30 Minuten. Nicht einweichen. Nachquellen 10 bis 20 Minuten. Verhältnis Samen/Wasser/Gemüsebrühe 1:3.

Buchweizen

◆◆◆

Botanik/Anbau: Der Name Buchweizen läßt eine Verwandtschaft mit dem Weizen oder mit dem Korn vermuten. Dem ist aber nicht so. Der Buchweizen ist ein aus Asien stammendes Knöterichgewächs. Die Pflanze hat von der Form her ähnliche Blätter wie unsere Gartenbohnen. Sie ist nur wenig hoch, die vielen weißen Blüten und späteren Früchte stehen wie Traubenbeeren zusammen. Der Buchweizen stellt bezüglich Boden keine Ansprüche. Dies erklärt auch, daß er während Jahrzehnten auf Heide- und Torfböden angepflanzt wurde, also auf wenig fruchtbarem Land.

Frucht: Braune bis grüne Früchtchen, dreieckig, den Nüßchen der Buche sehr ähnlich, nur viel kleiner. Ausgeprägter Geschmack.

Gesundheit: Der Buchweizen ist sehr eiweißreich und enthält nebst den getreidespezifischen Inhaltsstoffen reichlich Kupfer, Lecithin und ungesättigte Fettsäuren. Der Buchweizen ist frei von Gluten, also auch bei Zöliakie-Erkrankung sehr zu empfehlen.

Produkte: Ganze Früchte, Mehl, Schrot, Flocken.

Verwendung in der Küche: Ganze Früchte wie Reis kochen (für Salate, zum Füllen von Gemüse, für Aufläufe und Suppen, für Keimlinge); Mehl für Teigwaren, pikante und süße Blinis, Klößchen; Schrot für Aufläufe, Suppen, für Teigkrusten.

Garzeit: Trockene Früchte 10 bis 15 Minuten. Nicht einweichen. Nachquellen 10 bis 20 Minuten. Verhältnis Früchte/Gemüsebrühe-Salzwasser: 1 : 1,5/2.

Garzeit Schrot: 5 bis 10 Minuten. Nachquellen 10 bis 20 Minuten. Verhältnis Schrot/Gemüsebrühe 1 : 2/2,5.

Dinkel

◆◆◆

Herkunft/Geschichte: Im Dinkel ist uns eine sehr alte Getreideart ziemlich unverfälscht erhalten geblieben, die sich heute im biologischen Anbau großer Beliebtheit erfreut. Der Dinkel ist ein Vorfahre des Weizens, der züchterisch kaum Veränderungen erfahren hat. Er ist deshalb ertragsmäßig hinter dem Weizen zurückgeblieben. Daß der Dinkel früher eine viel größere Verbreitung hatte, geht aus seinem ursprünglichen Namen «Korn» hervor, seine damals gebräuchliche Bezeichnung in Süddeutschland und in der Schweiz. «Korn» nannte der Bauer das Getreide, welches in seiner Umgebung bevorzugt angebaut wurde; für die Norddeutschen war es der Roggen, für die Schweden der Hafer und für die Amerikaner der Mais (corn).

Anbau: Mit der Mechanisierung im Getreidebau ging der Anbau von Dinkel stark zurück. Der Grund lag in seiner sehr brüchigen Ährenspindel, die bei der Ernte mit dem Bindemäher zu hohen Verlusten durch Bruch führte. Heute ist es nicht mehr die Technik, sondern der späte Erntetermine (eine Woche nach dem Weizen). Je länger das Getreide auf dem Feld steht, desto größer die Gefahr einer Zerstörung durch Gewitter mit Windböen.

Der Dinkel ist für den Intensivanbau schlecht geeignet. Sein langer Halm und die dadurch sehr reduzierte Standfestigkeit erlauben nur eine mäßige Düngung. Ertragssteigerungen halten sich dadurch in engen Grenzen. In jüngster Zeit wird versucht, Kreuzungen mit Weizen zu machen. Die Ähre sieht dem Dinkel zwar ähnlich, das Korn hat aber bezüglich Aussehen und Geschmack die Ursprünglichkeit verloren. Eine weitere Eigenheit bremst den Anbau von Dinkel. Im Gegensatz zum Weizen und Roggen bleibt das Dinkelkorn beim Dreschen im Spelz eingeschlossen. In einem speziellen Arbeitsgang muß vor dem Mahlen die Spreu vom Korn getrennt werden.

Korn: Bezüglich Farbe und Form dem Weizen sehr ähnlich, mit dem Unterschied, daß die Körner größer sind.

Gesundheit: Dem Dinkel wird von alters her eine heilende Wirkung bei allerlei Gebresten zugeschrieben. In den Schriften der heiligen Hildegard von Bingen (1098 bis 1179) spielt der Dinkel eine zentrale Rolle.

Produkte: Ganzes Korn, Mehl, Flocken, Schrot.

Verwendung in der Küche: Der Dinkel ist so vielseitig verwendbar wie der Weizen. Dinkelkorn wie Reis kochen (als Beilage, für Salate, für Pfannkuchen/Omeletten, für Aufläufe); das Korn ist uneingeschränkt verwendbar für Brot, Gebäck und alles, was aus Mehl hergestellt wird; Dinkelflokken für Müesli, Gebäck; Schrot für Brei und Müesli.

Garzeit: Trockene Körner 60 bis 70 Minuten, eingeweichte Körner 40 bis 45 Minuten. Nachquellen 30 bis 60 Minuten. Verhältnis Getreide/Wasser 1:2/2,5.

Garzeit Schrot: 5 bis 10 Minuten. Nachquellen 10 bis Minuten. Verhältnis Schrot/Gemüsebrühe 1:2/2,5.

Gerste

◆◆◆

Herkunft/Geschichte: Die Gerste gilt als das älteste Getreide überhaupt, das sich die Menschen nutzbar gemacht haben. Man vermutet, daß sie in Zentralasien beheimatet ist. Im Lauf der Jahrtausende hat sie eine lange Wanderung rund um den Erdball angetreten und auch viele Wandlungen durchgemacht.

Anbau: Die Gerste ist eine anspruchslose Kulturpflanze, die auch auf kargem Boden gedeiht. In Europa ist sie neben dem Weizen die am häufigsten angebaute Getreideart. Wir unterscheiden zwischen Sommergerste (im Frühjahr ausgesät) und Wintergerste (im Herbst ausgesät). Die Wintergerste ist insofern ideal, als sie bereits anfangs Juli geerntet werden kann, was eine Zweitkultur auf dem gleichen Feld ermöglicht.

Verwendung: Großabnehmer sind Brauereien (Rohstoff für die Malzherstellung) und Futtermittelhersteller. Ein kleiner Teil wird für die menschliche Ernährung verwendet.

Korn: Die Vollgerste hat eine länglich-ovale Form, ist grau bis blau-grün. Das Korn ist eng mit den es umgebenden

Spelzen verbunden und ist ohne vorheriges Schälen ungenießbar. Wenn der volle Wert des Gerstenkorns erhalten werden will, muß das Getreide sehr vorsichtig geschält werden. Wie bei allen Getreidearten befinden sich die wertvollen Mineralstoffe und Vitamine in den Randschichten.

Gesundheit: Die Verbindung von Kieselsäure und Zucker hat einen günstigen Einfluß auf Nervensystem und Stoffwechsel. Die Kieselsäure stärkt Bänder und Bindegewebe. Der Gerstenschleim wirkt beruhigend bei Reizungen der Schleimhäute von Magen und Darm.

Produkte: Gerstenkorn, Nacktgerste (spelzenfrei), Rollgerste/Graupen (sehr stark geschältes Korn, das eine kugelige Form hat und weiß ist), Gerstenmehl, Gerstenflocken, Gerstenschrot.

Verwendung in der Küche: Gerstenkorn wie Reis kochen (als Beilage, für Salate, zum Füllen von Grünblattrouladen, für Pfannkuchen/Omeletten, für Aufläufe); Nacktgerste zum Keimen; Rollgerste/Graupen für Suppen, Eintöpfe, Terrinen, zum Füllen von Blattgemüse und Kohl; Gerstenmehl für Brot und Gebäck (nur ein kleiner Anteil), für Pfannkuchen/Omeletten; Gerstenflocken für Müesli, Gebäck; Gerstenschrot für Brei.

Garzeit: Trockene Körner 50 bis 60 Minuten, eingeweichte Körner 35 bis 40 Minuten. Nachquellen 30 bis 60 Minuten; Graupe/Rollgerste 30 Minuten. Verhältnis Getreide/Wasser 1:2/2,5.

Garzeit Schrot: 5 bis 10 Minuten. Nachquellen 10 bis 20 Minuten. Verhältnis Schrot/Gemüsebrühe 1:2/2,5.

Grünkern

◆◆◆

Herkunft/Geschichte: Der Grünkern ist eine besondere Art, Dinkel aufzubereiten. In früheren Zeiten konnten die Menschen nicht einfach auf Importprodukte ausweichen, wenn die eigene Ernte infolge mißlicher Witterung teilweise oder ganz ausfiel. Der Planet war zwar weniger besiedelt als heute, aber die Landwirtschaft hatte noch nicht den heutigen Entwicklungsstand. Dem Bauern standen auch keine «chemischen Waffen» zur Verfügung, wenn nach wochenlangen Niederschlägen Krankheiten und Schädlinge Überhand nahmen. In der Not, so wird überliefert, waren die Bauern auf der Schwäbischen Alb in Süddeutschland gezwungen, ihr Korn im unreifen Zustand zu schneiden und auf einem Holzfeuer nachzutrocknen, zu darren, um überhaupt etwas zu retten. Dies war die Geburtsstunde des Grünkerns.

Anbau: Für die Gewinnung von Grünkern wird der Dinkel in der Milchreife geerntet. In diesem Stadium ist das Dinkelkorn noch grün. Beim Zusammenpressen des Korns tritt milchig-weißer Saft aus. Dieses Stadium dauert nur wenige Tage. Wird zu früh geschnitten, ist das Korn noch zu wenig ausgebildet und schrumpft beim nachfolgenden Trock-

133

nen übermäßig zusammen. Wird die Ernte bei Regenwetter um einige Tage verzögert, verliert das Korn seine grüne Farbe. Der daraus gewonnene Grünkern ist dann zwar noch typisch in seinem Geschmack, er kann aber optisch vom normal geernteten Dinkel kaum mehr unterschieden werden.

Korn: Grünliches Korn. Durch das Trocknen verliert das Korn die Keimfähigkeit.

Gesundheit: Gut verdaulich. Gleich wie der Dinkel ist der Grünkern reich an B-Vitaminen, Vitamin E, Phosphor, Eisen und Magnesium.

Produkte: Ganzes Korn, Mehl, Schrot.

Verwendung in der Küche: Grünkern wie Reis kochen (als Beilage, für Salate, für Pfannkuchen/Omeletten, für Aufläufe), Mehl für Burger, Schrot für Suppen, Eintöpfe.

Garzeit: Trockene Körner 30 bis 40 Minuten, eingeweichte Körner 20 bis 30 Minuten. Nachquellen 15 bis 30 Minuten. Verhältnis Getreide/Wasser 1:2/2,5.

Garzeit Schrot: 5 bis 10 Minuten. Nachquellen 10 bis 20 Minuten. Verhältnis Schrot/Gemüsebrühe 1:2/2,5.

Hafer

◆◆◆

Herkunft/Geschichte: Wer kennt nicht die Redewendung «den sticht der Hafer». Gemeint ist damit Übermut und Ausgelassenheit. In der Tat enthält der Hafer Inhaltsstoffe, welche die körperliche Leistungsfähigkeit und Aufnahmefähigkeit verbessern. Es dürften die gleichen Stoffe sein, welche den Hafer als Futter bei Zug- und Sportpferden so beliebt machen.

Als Kulturpflanze ist der der Hafer jünger als die Gerste und der Weizen. Vermutlich ist er als Unkraut, als sogenannter Flughafer – eine Vorform des Saathafers – dem Weizen- und Gerstenanbau gefolgt. Dank seiner Widerstandsfähigkeit und Anspruchslosigkeit konnte er sich in schlechten Jahren und an extremen Standorten als eigenständige Getreideart behaupten.

Anbau/Botanik: Beim Hafer fällt uns sofort auf, daß er keine Ähre hat. Die Körner sind an einer lockeren Rispe gewissermaßen einzeln «aufgehängt». Der Hafer wird in der Fruchtfolge in der Regel am Schluß angebaut, weil er für Krankheiten vorhergehender Getreidearten nicht anfällig ist.

Er gedeiht auch auf Böden, die von Natur aus oder bedingt durch vorhergehende Kulturen mager sind. Ja, er kann sogar die Qualität des Bodens verbessern. Nach dem Hafer können alle Feldfrüchte wieder angebaut werden.

Für den menschlichen Verzehr muß der Hafer wie die Gerste und der Dinkel von den Spelzen befreit werden. Vereinzelt findet man auch Nackthafer. Dieser verliert seine Spelzen schon beim Dreschen. Das Schälen erübrigt sich. Nackthafer wird als Mutante des Saathafers betrachtet. Züchterisch ist er kaum bearbeitet worden und wird deshalb praktisch nur hobbymäßig angebaut.

Korn: Schmales, langes, hellbraunes Korn. Relativ weich dank dem hohen Fettgehalt (höchster Fettgehalt unter den Getreiden).

Gesundheit: Aufbauend, kräftigend. Günstiger Einfluß auf die Verdauungsorgane. Reich an Eisen, Mangan, Magnesium und Zink, Vitaminen des B-Komplexes und Vitamin E. Das hochwertige Fett entlastet den Cholesterinstoffwechsel, schützt Herz und Kreislauf. Das Eiweiß beugt Mangelerscheinungen vor.

Produkte: Ganzes Korn, grobe und feine Flocken, Grütze, Mehl.

Verwendung in der Küche: Haferkörner wie Reis kochen (als Beilage, für Salate, für Pfannkuchen/Omeletten, Aufläufe), für Suppen, Nackthafer für Keimlinge; kleiner Anteil Hafermehl für Brot und Gebäck (hält das Gebäck feucht), für Pfannkuchen (muß nicht unbedingt mit anderem Getreide gemischt werden); Flocken für Müesli, Brei, Pfannkuchen/Omeletten, für Haferschleim, für süßes und pikantes Gebäck.

Garzeit: Trockene Körner 25 bis 35 Minuten, eingeweichte Körner 15 bis 20 Minuten. Nachquellen 15 bis 30 Minuten. Verhältnis Getreide Wasser 1:1,5/2.

Hirse

◆◆◆

Herkunft/Geschichte: Historisch gesehen ist die Hirse ein sehr altes Getreide. Die Forschung konnte aber bis heute keine Stammformen der heutigen Hirsearten ermitteln. Die ältesten Funde stammen aus China und dem alten Ägypten. Das Getreide wurde aber auch in europäischen Pfahlbauten gefunden. Die Hirse wird in Europa heute kaum mehr angebaut. Einzig ein paar Flur- und Ortsnamen erinnern uns daran, daß dieses Getreide früher auch bei uns heimisch war. Bis ins Mittelalter war die Hirse bei den Germanen sehr beliebt, wurde dann aber vom Hafer verdrängt. Weltweit gesehen liegt die Hirseproduktion immerhin an vierter Stelle, hinter dem Reis, dem Weizen und dem Mais.

Anbau: Die Hirse ist im Anbau sehr anspruchslos. Sie gedeiht am besten auf magerem, sandigem und trockenem Boden in Afrika, Nordamerika und Asien. Mit ihrer kurzen Vegetationszeit von nur 100 Tagen und ihrem Licht- und Wärmebedürfnis ist sie geradezu prädestiniert für die südliche Halbkugel.

Hierzulande sind verschiedene Hirsearten vor allem im Maisanbau ein gefürchtetes Unkraut, weil sie sich der chemi-

schen Unkrautbekämpfung widersetzen. Weil der Hirse nach einer chemischen Behandlung kein anderes Unkraut mehr Konkurrenz macht, kann sie sich ungehemmt vermehren. Dieses Problem besteht im biologischen Anbau nicht, in dem nur mechanisch gejätet wird. Es entstehen deshalb weder Resistenzen gegen Herbizide noch einseitige Selektionen.

Korn: Das Hirsekorn ist sehr klein und sehr hart. Es ist von einer ebenso harten Schale umgeben, die entfernt werden muß, da diese absolut unverdaulich ist. Wegen ihrer goldgelben Farbe nennt man die geschälte Hirse «Goldhirse». Die Goldhirse ist ein Vollgetreide.

Gesundheit: Die Hirse ist reich an B-Vitaminen und Mineralstoffen wie Eisen, Magnesium, Kupfer, Mangan und Kieselsäure. Ein Großteil des Keimöls besteht aus ungesättigten Fettsäuren. Die Kieselsäure hat einen günstigen Einfluß auf Haut, Haare und Nägel. Die Hirse eignet sich für eine glutenfreie Diät.

Produkte: Goldhirse (ganzes Korn), Mehl, Flocken, Grieß.

Verwendung in der Küche: Wie Reis kochen (Hirsotto, Aufläufe, Salat), für Suppen, Klößchen, zum Füllen von Tomaten und Kohlblättern; Flocken für Müeslis und Gebäck; ein kleiner Anteil Hirsemehl macht Kleingebäck knusprig.

Garzeit: 10 bis 15 Minuten. Hirse nicht einweichen. Nachquellen 10 bis 20 Minuten. Verhältnis Getreide/Gemüsebrühe-Salzwasser 1:2/2,5.

Garzeit Schrot: 5 bis 10 Minuten. Nachquellen 10 bis 20 Minuten. Verhältnis Schrot/Gemüsebrühe 1:2/2,5.

Mais

◆◆◆

Herkunft/Geschichte: Der Mais ist das einzige Getreide, das nicht aus dem Osten, sondern aus dem Westen, aus Amerika, zu uns gekommen ist. Der Mais ist das Getreide der Indianer.

Anbau/Botanik: Genauso wie in der Herkunft unterscheidet sich der Mais auch bezüglich Aussehen von den übrigen Getreidearten. Er ist viel mächtiger im Wuchs, seine Blütenstände sind nach Geschlecht getrennt. Die männlichen Blüten stehen als Rispe an der Spitze der Pflanze, während sich die weiblichen als Kolben in den Blattachseln entwickeln. Aus ihrer südamerikanischen Heimat hat die Maispflanze ein großes Wärmebedürfnis mitgebracht. Dank intensiver Zucht gibt es heute Sorten, die auch in rauheren Gegenden gedeihen. Der Mais kann in unseren Breitengraden wegen der Wärme erst im Mai gesät werden. Zum Reifen benötigt er viele warme Tage im September und Oktober. Ein Großteil des in Europa angebauten Mais wird in der Tierfütterung eingesetzt. Der Mais ist in den letzten Jahren/Jahrzehnten wegen der Bodenerosion immer wieder unter Beschuß gera-

139

ten. Selbstverständlich trifft ihn an dieser Entwicklung keine Schuld. Es ist der Mensch, welcher mit dem Intensivanbau (Düngemittel) und einem unverhältnismäßigen Einsatz von Totalherbiziden zu Gunsten eines hohen Ertrages den Boden sprichwörtlich kaputt macht.

Korn: Gelbes, ovales bis rundliches Korn.

Gesundheit: Der Mais ist reich an Vitamin A und E, Vitaminen des B-Komplexes sowie Magnesium. Der ölreiche Keimling liefert ein ausgezeichnetes Öl mit einem hohen Anteil an hochungesättigten Fettsäuren. Das Eiweiß im Mais ist frei von Kleber. Dies macht ihn zu einem wertvollen Nahrungsmittel bei Kleberunverträglichkeit (Zöliakie).

Produkte: Beim Gemüse- und Zuckermais (auch für Popcorn) werden die ganzen Körner oder der Kolben verwendet. Maisgrieß von sehr fein bis sehr grob (Schale und Keimling werden entfernt), Maisflocken, Maismehl, Maisstärke, Traubenzucker (Dextrose).

Verwendung in der Küche: Gemüse- und Zuckermais als Gemüse, für Suppen, Salate, für Pfannkuchen/Omeletten, zum Füllen von Tomaten, für Popcorn; Maisgrieß für Polenta (Grundrezept für die verschiedensten Maisgerichte); Maismehl in Verbindung mit anderem Mehl für Brote, Fladen, Gebäck; Maisflocken für Müesli.

Garzeit: Gemüse- und Zuckermais über Dampf 30 bis 40 Minuten. Maisgrieß (Polenta) 60 Minuten. Nachquellen 15 bis 25 Minuten. Verhältnis Getreide/Gemüsebrühe oder Salzwasser 1:3/4.

Reis

Herkunft/Geschichte: Was für uns der Weizen, ist für die Menschen im Osten der Reis. Man geht davon aus, daß die Reiskultur in Indien oder Südostasien beheimatet ist. Die ältesten Funde gehen auf 4000 v. Chr. zurück. Die kulturelle Entwicklung der Völker Asiens ist eng mit dem Reisanbau verbunden. Den Reis verehrte man als Gabe der Gottheit. Deshalb begleitete man die einzelnen Arbeiten von der Saat bis zur Ernte mit kultischen Zeremonien.

Anbau: Der Reis ist eine Pflanze des tropischen und subtropischen Klimas. Es gibt weltweit über 1000 verschiedene Reissorten. In Europa können ihm bezüglich Wärme, Wasser und Boden nur Teile der Po-Ebene, die Camargue und einige Küstengebiete Spaniens gerecht werden. An der Weltproduktion von über 350 Mio. Tonnen pro Jahr partizipieren die Europäer nur gerade mit 0,5%.

Botanik/Anbau: Während im Osten der Reis in Zuchtgärten herangezogen und in die überfluteten Felder gepflanzt wird, säen die Europäer die Körner maschinell an Ort und

Stelle in Reihen aus. Das Reiskorn keimt nur am Licht, d. h. es darf nicht in den Boden eingebracht werden. Zudem benötigt es viel Wasser, soviel, daß die Reisfelder immer unter Wasser stehen müssen. Erst kurz vor der Ernte anfangs September werden die Reisfelder trockengelegt.

Korn: Im rohen Zustand gleicht das Reiskorn der Gerste. Auch es ist fest vom Spelzen umschlossen. Diesen Rohreis nennt man Paddy. Es muß sehr sorgfältig geschält werden, damit das Silberhäutchen (= Vollkornreis) nicht verletzt wird. Wird der Reis gar poliert (weißer Reis), ist er weitgehend seiner Vitamine und Mineralstoffe beraubt. Dies führt bei überwiegender Reisernährung zur gefürchteten Mangelkrankheit Beri-Beri. Wenn der Reis auf Produktionsstufe vorgekocht wird, kann der Vitalstoffverlust in Grenzen gehalten werden. Das Dämpfen erfolgt im Rohzustand, also vor dem Schälen. Durch den Dampfdruck verlagert sich ein Teil der Vitamine und Mineralstoffe ins Korninnere, wo sie beim Schälen geschützt sind (Parboiled Reis).

Produkte: Der Handel unterscheidet zwischen Langkorn (6 bis 8 mm lang, 1,5 mm dick) und Rundkorn (4 bis 5 mm lang, 2 bis 3 mm dick). Das Langkorn mit dem stärkeren Stärkekern wird für körnige Reisgerichte, das Rundkorn mit dem weicheren Stärkekern für Gerichte verwendet, bei denen der Reis sehr weich sein darf. Daneben gibt es im Handel Reismehl und Reisflocken.

Gesundheit: Der Reis ist frei von Gluten, also auch für Zöliakie-Kranke geeignet. Dank seinem niedrigen Natriumgehalt ist er bestens geeignet zum Entwässern und entschlakken. Einen bevorzugten Platz hat er der guten Verdaulichkeit wegen auch in der Diät- und Krankenküche.

Verwendung in der Küche: Rundkornreis für Milchreis, Suppen, Klößchen, Pfannkuchen/Omeletten, Aufläufe, Pudding; Langkornreis für Risotto, Salat, Suppen, zum Füllen von Gemüse; Reisflocken für Müesli, Kleingebäck; Reismehl gemischt mit anderem Mehl (vor allem für Kleingebäck), macht das Gebäck knusprig.

Garzeit: Trockene Körner 30 bis 40 Minuten, eingeweichte Körner 15 bis 30 Minuten. Nachquellen 15 bis 30 Minuten. Verhältnis Getreide/Wasser: 1:2/2,5.

Quinoa

◆◆◆

Herkunft/Geschichte: «Reis der Inkas» ist eine weit verbreitete Bezeichnung für die kleinen Samen. Diese Bezeichnung ist insofern treffend, als diese uralte Pflanze im Anden-Hochland beheimatet ist. Dort, in der Region der heutigen Länder Peru und Bolivien war Quinoa für die Bevölkerung über Jahrtausende ein Grundnahrungsmittel. Zur Zeit der Inkas galt der Samen als Nahrung der Götter und wurde dem Sonnengott im goldenen Gefäß geopfert. Davon zeugen Funde von Skulpturen und Kupferstichen, die Quinoa-Samen in reich verzierten Vasen zeigen. Quinoa (Betonung auf der ersten Silbe) ist erst vor ganz wenigen Jahren in den USA und in Europa neu «entdeckt» worden.

Anbau/Botanik: Quinoa wird bei uns meist als «Getreide» gehandelt, obwohl es sich botanisch gesehen nicht um ein Getreide, sondern um ein Fuchsschwanz- resp. Knöterichgewächs (gleich wie Amaranth und Buchweizen) handelt. Quinoa wächst auf den vulkanischen, äußerst mineralstoffreichen Böden der Anden-Hochebenen auf rund 4000 m ü. M. Das Gebiet ist sehr regenarm und rauh. Die Temperaturen liegen bei −20 bis +23 °C.

Samen: Blasser, gelblicher, runder, flacher Samen, der durch den Garprozeß ein transparentes Aussehen bekommt. Bezüglich Geschmack viel Gemeinsames mit dem Sesamsamen.

Gesundheit: Quinoa ist reich an Vitamin E, C und B und hat einen hohen Gehalt an Kalzium, Magnesium und Eisen. Sein Eiweiß besitzt die gleiche biologische Wertigkeit wie Kuhmilch-Eiweiß.

Produkte: Als Samen erhältlich.

Verwendung in der Küche: Quinoa wie Reis kochen (als Beilage, für Suppen, Salate, für Pfannkuchen/Omeletten, zum Füllen von Gemüse). Süße und pikante Gerichte.

Garzeit: Trockener Samen 10 bis 15 Minuten. Einweichen erübrigt sich. Nachquellen 10 bis 20 Minuten. Verhältnis Samen/Gemüsebrühe-Wasser 1:2/2,5.

Roggen

◆◆◆

Botanik/Anbau: Der Roggen ist das Getreide der leichten Sandböden. Er gedeiht in hohen Lagen (Wallis, 2000 m ü. M.) wie in tiefen Lagen (Lüneburger Heide) überall dort, wo der Weizen versagt. Seine Robustheit verdankt er der Abstammung vom anatolischen Bergroggen.

Dank seiner Resistenz gegen Krankheiten, insbesondere der beim Weizen gefürchteten Fußkrankheit, kann er zur Auflockerung weizenbetonter Fruchtfolgen beitragen. Im biologischen Anbau wird der Roggen gerade dieser Eigenschaft wegen häufig angebaut. Ein typisches Beispiel, wie eine Pflanzenkrankheit durch geschickte Fruchtfolge im Schach gehalten werden kann, ohne zur Giftspritze greifen zu müssen. Hinzu kommt, daß das große Wurzelwerk des Roggens und seine frühe «Jugendentwicklung» kaum Unkraut aufkommen läßt und zur Regeneration müder Böden beiträgt.

Trotz agronomisch günstiger Eigenschaften ist der Roggenanbau in den letzten Jahren im Intensivanbau stark zurückgegangen. Mit einer Halmlänge von über 2 m reagiert er empfindlich auf zu starkes Düngen, was sich auf den Körnerertrag auswirkt. Zudem ist die Ernte mit dem Mähdrescher stark erschwert.

Korn: Längliches Korn von auffallend blaugrüner Farbe.

Gesundheit: Hoher Gehalt an Vitamin E und Folsäure. Reich an Magnesium, Kalium Eisen, Fluor und Kieselsäure.

Produkte: Roggenkorn, Roggenmehl, Roggenschrot.

Verwendung in der Küche: Roggenkorn wie Reis kochen (als Beilage, für Salate, Pfannkuchen/Omeletten, zum Füllen von Gemüse); die Körner eignen sich zum Keimen; Mehl zum Mischen mit Weizenmehl oder für Sauerteigbrot – da das Eiweiß anders beschaffen ist als das des Weizens, geht das Roggenbrot nicht auf –, für Spätzle, Pfannkuchen/Omeletten; Schrot für Brei, für Gebäck (mit anderem Mehl mischen), für Suppen, Pfannkuchen/Omeletten.

Garzeit: Trockene Körner 70 bis 80 Minuten, eingeweichte Körner 45 bis 50 Minuten. Nachquellen 30 bis 60 Minuten. Verhältnis Getreide/Wasser 1:2,5.

Garzeit Schrot: 10 bis 15 Minuten. Nachquellen 15 bis 30 Minuten. Verhältnis Schrot/Gemüsebrühe 1:2/2,5.

Abbildung: Triticale, Seite 149

Triticale

◆◆◆

Herkunft/Geschichte: Triticale ist eine von Menschenhand geschaffene Getreideart.

Botanik/Anbau: Vor rund 100 Jahren gelangen die ersten Kreuzungsversuche zwischen Weizen (triticum) und Roggen (secale). Lange galt die Pflanze als botanische Kuriosität, da es zunächst nicht gelang, eine genetische Konstanz zu erreichen. In den letzten 10 Jahren hat Triticale an Bedeutung zugenommen. Die ursprüngliche Hoffnung, das fast unbegrenzte Ertragspotential des Weizens mit der Robustheit des Roggens zu «verheiraten», hat sich allerdings nicht im erwarteten Ausmaß erfüllt.

Äußerlich gleicht Triticale dem Roggen. Seine Ähre ist begrannt. Pflanze und Korn haben eine bläulich-grüne Farbe.

Korn: Dinkelähnliches Korn, aber etwas schmäler und länger, mit blau-grün-Stich. Gehaltsmäßig und von den Backeigenschaften her eine Mischung von Weizen und Roggen. Das Mehl gibt etwas weniger Backvolumen als Weizen.

Produkte: Ganzes Korn, Mehl, Schrot.

Verwendung in der Küche: Triticalekörner wie Reis kochen (als Beilage, für Salate, für Pfannkuchen/Omeletten, Suppen Aufläufe); Mehl für Brot, Gebäck, Pfannkuchen/Omeletten.

Garzeit: Trockene Körner 60 bis 70 Minuten, eingeweichte Körner 40 bis 50 Minuten. Nachquellen 30 bis 60 Minuten. Verhältnis Getreide/Wasser 1:2,5.

Garzeit Schrot: 10 bis 15 Minuten. Nachquellen 10 bis 20 Minuten. Verhältnis Schrot/Gemüsebrühe 1:2/2,5.

Weizen

◆◆◆

Herkunft/Geschichte: Der Weizen ist die mit Abstand wichtigste Getreideart Europas. Dabei ist er botanisch gesehen noch relativ jung. Seine Vorfahren sind Emmer, Einkorn und Dinkel. Während die beiden ersten nur noch zur Artenerhaltung angebaut werden, konnte sich der Dinkel vor allem in der Vollwertküche einen Platz schaffen.

Die ersten Weizenfunde datieren aus der Hallstattzeit (rund 800 v. Chr.). Als der Weizen nach Europa kam, kannten die Menschen nur Getreidearten, die ein dunkles Mehl lieferten. Sie gaben dem neuen Getreide aus dem Osten den Namen «weizzi» (der Weiße), was später zum Weizen wurde.

Botanik/Anbau: Wir unterscheiden zwischen Sommer- und Winterweizen. Der Winterweizen wird im Herbst ausgesät. Er benötigt nach dem Keimen die Winterruhe, ohne diese er weder Halm noch Ähre bilden würde. Die Bauern bevorzugen den Winterweizen, da er in der Regel bei günstigen Bodenverhältnissen gesät werden kann, während die Frühjahrssaat oft verzögert wird und deshalb unbefriedigende Erträge bringt.

Es gibt unzählige Weizensorten. Die Züchter bemühen sich seit Jahrhunderten um Verbesserungen. Der Weizen ließ sich relativ leicht manipulieren. Mit sogenannten Wachstumsregulatoren (CCC) erreichte man eine Halmverkürzung von 10 bis 20 cm. Auf die bessere Standfestigkeit wurde prompt mit mehr Dünger reagiert, um höhere Erträge zu erhalten. Kurzer Wuchs und starke Düngung brachten neue Probleme: Es entstand ein ausgezeichnetes Mikroklima für Pilzkrankheiten (Mehltau, Gelbrost, Braunrost usw.). Fungizide waren die Antwort. Ein Teufelskreis. Bedenklich ist, daß das Gift selbst dann noch zum Einsatz kommt, wenn die Ähre bereits ausgebildet ist. Wichtig: Biologisch angebauter Weizen ist von dieser Entwicklung nicht betroffen. Hier gelten die strengen Vorschriften des biologischen Anbaus.

Korn: Das Weizenkorn ist im Vergleich zu andern Getreidekörnern eher kurz und hat einen leichten «Rotstich». Wir unterscheiden zwischen Weich- und Hartweizen. Der

Hartweizen braucht ein warmes, trockenes Klima. Er wird in Europa nur in südlichen Ländern angebaut. Die beiden Weizensorten unterscheiden sich in der Art des Klebers (Eiweiß). Der Weichweizen wird für Brot, Gebäck usw. verwendet, der Hartweizen als Rohstoff für Teigwaren.

Produkte: Weizenkorn, Mehl, Flocken, Schrot, Kleie, Grieß (Hartweizen), Teigwaren (Hartweizen), Boulgour (Hartweizen), Pil-Pil (Hartweizen), Couscous (Hartweizen).

Verwendung in der Küche: Weizenkorn wie Reis kochen (als Beilage, für Salate, für Pfannkuchen/Omeletten, für Aufläufe); die Körner eignen sich zum Keimen; das Korn ist uneingeschränkt verwendbar für alles, was aus Mehl hergestellt wird (Brot, Gebäck, Aufläufe); Weizenflocken für Müesli, Gebäck; Schrot für Brei, Müesli, Suppen, Gebäck, Brot, Pfannkuchen/Omeletten; Grieß für Brei, Suppen; Couscous, Boulgour und Pil-Pil wie Grieß verwenden (kürzere Kochzeit).

Garzeit: Trockene Körner 60 Minuten, eingeweichte Körner 30 bis 45 Minuten. Nachquellen 10 bis 20 Minuten. Verhältnis Getreide/Wasser 1:2,5.

Garzeit Schrot: 5 bis 10 Minuten. Nachquellen 10 bis 20 Minuten. Verhältnis Schrot/Gemüsebrühe 1:2/2,5.

Natürliches erhalten – Natürliches schonend behandeln

Das volle Korn ist ein lebendiges, hochwertiges Lebensmittel. Lebendig soll es bleiben – ob in Form von Mehl, Grieß, Schrot... Natürliches schonend behandeln heißt, das Korn frisch mahlen und verarbeiten, damit die lebenswichtigen Vitamine, Spurenelemente und essentiellen Fettsäuren erhalten bleiben.

Besonders Vollkornmehl reagiert äußerst empfindlich auf Sauerstoff, was nicht nur einen negativen Einfluß auf den Nährstoffgehalt, sondern auch auf den Geschmack hat. Damit das Vollkornmehl immer ganz frisch und nach Bedarf verfügbar ist, lohnt sich die Anschaffung einer **Salzburger-Getreidemühle.** Die Mühle erfüllt alle Kriterien einer schonenden Verarbeitung und bietet eine Reihe weiterer Vorteile:

● Die Mühle arbeitet mit echten Mahlsteinen aus gewachsenem Stein (Granit). Der harte Granit-Mehlstein «scheuert» den Mehlkörper besonders gut von der Schale. Das Ergebnis: besonders hoher Feinmehlanteil (rund 82% und sehr gute Backeigenschaften).

● Das wertvolle biologische Korn wird beim Mahlen nicht zerschnitten oder zerrissen, sondern schonend zerrieben.

● Das Mahlgut kommt nur mit Naturmaterialien in Berührung, nicht mit Metall oder Kunststoff.

● Die Mühle verarbeitet alle Getreidesorten inklusive Mais.

● Der Motor ist ein wahres Energiebündel. Gearbeitet wird mit einem Spezial-Industriemotor. Das heißt: einfacher, stabiler Aufbau, robust und langlebig, geräuschloser Lauf, wartungsfrei und überlastgesichert.

Bezugsquellen und weitere Informationen:
Österreich: Agriasan Ges.m.b.H., 5400 Hallein, Telefon 0 62 45/42 40, Telefax 0 62 45/42 40/77. Deutschland: Firma r.b.V. Reinhard Birkmann, Bokelerstraße 5, 33790 Halle/Westfalen, Telefon 0 52 01/10 9 41, Telefax 0 52 01/10 6 46. Schweiz: Somona, 4657 Dulliken, Telefon 062/35 46 46, Telefax 062/35 32 59

Erica Bänziger ist dipl. Ernährungsberaterin und dipl. Gesundheitsberaterin AAMI. Sie ist Inhaberin eines Gesundheits- und Kochstudios in der Zentralschweiz. Regelmäßige redaktionelle Mitarbeit für verschiedene Zeitschriften.

Peter Jörimann ist Profikoch und Hotelier im Oberengadin. Der viel gelobte Gault-Millau-Koch, eng mit seiner Heimat verbunden, mag sich auf seinen Kochlorbeeren nicht ausruhen. In traditionellen Betrieben groß geworden, versucht er in der Küche bewußt neue Wege zu gehen. Er drückt seinen Gerichten den eigenen, unverkennbaren Stempel auf. Nur das ist für ihn berufliche Erfüllung.

Werner Scheidegger ist Geschäftsführer einer Bio-Genossenschaft, die schwergewichtig biologisches Getreide aus dem In- und Ausland einkauft und an Detaillisten (Reformhäuser, Drogerien) weiterverkauft. Er ist ein profunder Kenner des biologischen Getreideanbaus.